雄山閣アーカイブス　食文化篇

江戸の魚食文化

―川柳を通して―

蟻川トモ子

本書は、小社刊 生活文化史選書『江戸の魚食文化—川柳を通して—』を誤植等の訂正を行った上で、雄山閣アーカイブスとしてまとめたものです。

（編集部）

【刊行履歴】
生活文化史選書『江戸の魚食文化—川柳を通して—』二〇一三年刊

もくじ

はじめに……3

第一章　江戸と魚—川柳を通して……6

江戸時代の食材—魚介類　6

川柳から見る大都市江戸の食生活　7

●江戸の生い立ちとその特徴　8

●江戸の食材はどこから供給されていたのか　10

●江戸の人々が好んだ魚介類　12

第二章　海の魚……18

鰹（カツオ）18／鰒・河豚（フグ）35／鯛（タイ）38／鯨（クジラ）42／鮫（サメ）44／鰯（イワシ）46／鮪（マグロ）53／鮟鱇（アンコウ）55／鰺（アジ）57／鰈・鮃（カレイ・ヒラメ）61／鰶・秋刀魚（サンマ）65／鮗・鰶（コノシロ）69／鰆（サワラ）71／鱸（スズキ）72／鯔（ボラ）74／鱈（タラ）77／鯖（サバ）79／細魚・針魚（サヨリ）82／石持（イシモチ）84／鱧（ハモ）85／鰤（ブリ）87／穴子（アナゴ）89／鱩・鰰（ハタハタ）91／鰊（ニシン）92／蟹（カニ）96／海老（エビ）98／蝦蛄（シャコ）100／蛸（タコ）101／烏賊・スルメ（イカ）103／海鼠（ナマコ）107／蛤（ハマグリ）110／鮑（アワビ）114／法螺貝（ホラガイ）117／浅蜊（アサリ）118／栄螺

（サザエ）120／馬鹿貝・青柳《あおやぎ》（バカガイ）121／帆立貝（ホタテガイ）122／牡蠣（カキ）125／浅草海苔（アサクサノリ）128／荒布（アラメ）129／昆布（コブ）130／若布（ワカメ）132

第三章　川の魚……**135**

鰻（ウナギ）136／鯉（コイ）145／鮎（アユ）151／白魚（シラウオ）156／鮒（フナ）162／鰌（ドジョウ）164／鮭（サケ）169／鯰（ナマズ）171／蜆（シジミ）173

第四章　主な料理と加工品……**177**

天麩羅（天ぷら）177／鮨・鮓（すし）179／蒲鉾（かまぼこ）186／半片（はんぺん）187／竹輪（ちくわ）189

おわりに……**191**

はじめに

江戸時代は、日本の生活文化が変化した時代であった。

食生活に関しても、一日の食事の回数が二回食から三回食になった。鮨、天ぷら、ウナギの蒲焼き、二八そばなどの屋台見世ができ、土用の丑の日にウナギを食べるようになった。日本料理の土台ができ上がったのも江戸時代といわれている。

そこで魚と日本人であるが、その関係は古く、魚食民族といわれてきたほどである。

当時の日本人の基本的な食事パターン、いわゆる日常食の献立は、主食のご飯、山芋、里芋などと、副菜いわゆるおかずと味噌汁、漬け物の組み合わせであった。主食はでんぷんで、おもなエネルギー源であった。副菜の魚は動物性蛋白質で、小魚はカルシウム源でもあり、野菜はミネラル、ビタミン、植物繊維を含んでいた。時にはご飯と梅干しのときもあったかもしれない。

日本人は動物性蛋白質として、なぜ魚を選んだか。

日本は小さな国であるが、南北に細長く、しかも四方を海で囲まれ、海岸線が複雑で入江が多い。海流も太平洋側は南から黒潮、北から親潮があり、日本海は対馬海流、マリアナ海流などが日本を取り巻き、海水温が変化する。このため多種類の魚が、四季ごとに海流によって回遊し、海岸に近づいたり、遠のいたりしていた。また「水清く」の言葉通り、河川の水はきれいで、しかも多数の河があり、そこには、淡水魚が数多く生息していた。沼や水田にも小魚がいた。

しかし、水はきれいでも魚のいない川もある。私が生まれ育った群馬県の川には、魚がいなかった。吾妻川といって利根川上流の草津温泉が源流のため酸性が強く、見た目にはきれいな川であってもメダカ一尾いない川であった。

ところが、今ではその川に魚がいる。この吾妻川は、下流の川原湯温泉付近に現在話題になっている八ッ場ダムが建設される。そのため昭和四十年から石灰で酸性を中和しており、今でも草津町のはずれの品木ダムでは、毎日石灰を投入しているためだ。

私の出身高校の前身「吾妻高等女学校」の校歌の一節に

小碓の皇子が　その昔
もらしたまいし　あがつまを
名に負う河原　前にして
学園ひろく　開けたり

とある。この河原が魚のいない川であった。今は魚がいるようになったが、ダムはまだできていない。

海なし県の一つである群馬県は、昭和二十年の後半くらいまで、生魚といえばコイやヤマメなどの川魚ぐらいで、生食のできる魚であった。海魚はおもに干物や塩物で種類も少なかった。

そこで、また江戸時代にもどるが、江戸時代の庶民は、何をどのようにして食べていたのであろうか。江戸を中心に、食材、その中でも魚を中心に食文化の一端に触れてみることにする。

多数ある食材の中で、今回魚介類を取り上げたのは、寛永十九年（一六四二）に書かれた日本最初の料理専門書『料理物語』に、魚介類の料理が八〇％を占めており、また相撲の番付に見立てた「おかず番付」といわれる天保十一年（一八四〇）の『日々徳用倹約料理相撲取組』に、「東」が「精進」に対して「西」が「魚」

となっており、大関、小結、前頭などとして多くの魚料理が紹介されているなど、魚介類が江戸庶民の日常食となっていたからである。そのほか、川柳や諺などにも魚介類をよく食べていたことが分かるものがある。

さらに魚を食べることによって体の調子がよくなったとか、病気が治ったり、乳の出がよくなったなどいろいろといわれている。現在のように成分を分析したり、動物実験を行ったわけでもないのに、体によいものと言い伝えられて、今でも食べ続けられている。このような言い伝えをもとに食材を分析してみると、その通りでぴったりと合っているのには、驚きとともに頭が下がるばかりである。経験から得たものとはいえ、実にすばらしいことである。

たとえば、夏にウナギを食べるとよいということは、『万葉集』にすでに詠まれているし、土用の丑の日にウナギを食べる習慣は、今でも続いている。それは、日本人に不足しがちなビタミンＡや蛋白質を摂取するのによい食べ物であったわけである。

シジミは黄疸によいとか、カツオの頭部、特に目の周りに薬効があり酒毒によいが、どうしてか分からないと『本朝食鑑』（元禄八年・一六九五）に書かれているが、これは現在ではよく知られているＤＨＡ（ドコサヘキサエン酸）のことであった。

江戸時代に生まれた、江戸前の握り鮨やウナギの蒲焼き、天ぷら、柳川鍋など現在でも食べ続けられている。また刺身や煮物、焼き物、その他の加工品をそれぞれの魚の特性、食べ方などを交えて少しでもお伝えできれば幸せである。

エコ時代といわれている現在、魚を一尾でも多く食べるようにしたいものである。

本書を多くの方に読んでいただき、ご意見、ご批評をいただきたい。そのことを願っている。

第一章　江戸と魚―川柳を通して

江戸時代の食材―魚介類

日本は、南北に細長い国土であるため、南と北とでは気候・風土に大きな違いがあり、食の材料である産物はそれぞれの土地で異なっている。そしてその土地に見合った食文化ができ上がっていった。

特に十七世紀からはじまる江戸時代は二六〇年と長く、初期と末期とではさまざまな面で違いが大きい。そのなかでも食生活は、支配階級である上級武家が伝統的な食文化を守っていたのに対して、庶民は食事を激変させ、食文化の革命といえるほどのものであった。

なかでも魚介類は、動物性蛋白質を摂取するためになくてはならない食材の一つであったため、海から少し離れた内陸部では、新鮮魚に代わり、干物や塩漬け品、練り物などの海産物加工品が発達していった。

今回、本書において、その魚介類を中心として取り上げた理由は、「はじめに」で述べたように、『料理物語』に多数の魚料理が紹介され、庶民の日常食になっていたことがある。新鮮な材料だけでなく、干物や塩漬けなどの加工品なども取り上げられており、フグのような魚も食べられていたということは、毒性を持つ魚に対する知識もかなりあり、上手に食べていたと思われる。

また、『料理物語』の少し後の正保二年（一六四五）に刊行された俳諧『毛吹草』を調べると、当時よく食べられていた魚介類が分かる。〈表1〉に示したように、現在の関東地方以北よりも京坂を中心とした西の方が多種類であった。西での利用度の多い主な魚は、タイ・ウナギ・ハモ・ブリなど約五〇種類で、貝類はアワビ・カキ・アサリなど約二〇種類であった。東の魚はカツオ・アンコウ・サケ・サンマなど約三五種類で、貝類は約一〇種類であった。

川柳から見る大都市江戸の食生活

江戸時代の庶民の食生活については、当時書かれた料理書やおかず番付、その他の史料からも窺い知るこ

	西	東
魚種	アユ、アミ、アラ、イシブシ、イサキ、イワシ、ウグイ、ウナギ、カド、カレイ、カジカ、カワハギ、クラゲ、クジラ、ゲンゴローブナ、コイ、コダイ、ブリ、サゴシ、サケ、サバ、サメ、サワラ、サンショウウオ、シイラ、シロウオ、シビ、スズキ、セイゴ、タイ、ナマズ、ナヨシ、ニシン、ハゼ、ハモ、フナ、フシガツオ、ブリ、マグロ、マス、マナガツオ、ムロアジ、メバル、モイオ、モロコ、イカ、エビ、カニ、タコ、ナマコ	アイ、アユ、アジ、アンコウ、イトウオ、イルカ、イワシ、ウナギ、ウグイ、オキツダイ、カツオ、カド、カワハギ、キス、キンコ、クジラ、コイ、サケ、サバ、サメ、サヨリ、サンマ、シラウオ、タイ、タコ、トド、ナマズ、ニシン、ハゼ、ハタハタ、フナ、ヤツメウナギ、カメ、エビ、スルメイカ、ナマコ
加工品	イイズシ、ウナギズシ、ママカリノシオカラ、カラスミ、コノワタ、スズメズシ、スルメ、ホシアワビ、ホシガレイ	イワシノクロヅケ、ウチアワビ、カズノコ、カマボコ、カラザケ、シオビキ、シオカラ、チクワ、ヒシコヅケ、ムシガレイ、ヤキクジラ
貝類	アカガイ、アサリ、アワビ、イガイ、カキ、コヤスガイ、サザエ、サルガイ、シジミ、タイラギ、タチガイ、トリガイ、ナガレガイ、ニシ、バイ、ハマグリ、フクダメ貝、ホタテ貝、ホヤ、ミル貝、モチガイ	アオヤギ、アサリ、アワビ、カキ、サルボウ、シジミ、タニシ、ハマグリ、トコブシ、ホヤ、ミルガイ
海藻	アオノリ、アラメ、アマノリ、カタノリ、ナルトワカメ、ヒモノリ、フノリ、ワカメ、コブ、フジトノリ	コブ、ノリ、ハバノリ、ヒモノリ、フノリ、ワカメ、カタノリ
乾物	アユノシラボシ、ゴマメ、シラス干し、スルメ、ホシガレイ、干しダコ、干しダラ、メザシ	シラス干し、スルメ、干しダラ、ミガキニシン、メザシ

表1 『毛吹草』に見る東西で利用した魚介の種類

ともできるが、本書では『毛吹草』に登場した魚介類を中心に、江戸時代の主な川柳雑俳（以下「川柳など」と表記）から、江戸で生活した人々の食生活がどのようなものであったかを調べてみたい。十八世紀後半以降、江戸の町では庶民文芸、いわゆる庶民文化として川柳などを作ることが盛んに行われていた。庶民の気持ちを最も単的に表現ができ、十七文字で、季語や切字《きれじ》を必要としないところに人気が集まったことはいうまでもない。日常のできごとをはじめ、人情などを飾らずに、人事の世界に眼を着けて句にしたもので、和歌や俳句が優雅さを表現しているのに対して、川柳は文芸としては高い位置をあたえられなかったが、その愛好された範囲は広かった。

川柳の前身である前句付はほとんどが無名の作であるが、その句を選句してまとめる選者が何人か現われ、その中の一人であった柄井川柳（通称八右衛門）の人気が抜群であった。それは「川柳」が句の呼び名となったことからも明らかである。柄井川柳が江戸市中の広範囲から集めて選句した句集の一つが明和二年（一七六五）に初篇が刊行された『誹風柳多留』で、川柳の人気に拍車をかけることになった。川柳などは主に江戸庶民の生活句であるため、庶民の食材や食べ方をはじめとして、風俗、食習慣、言語など諸々の句が詠まれている。しかし数は多いものの食と関係のある句は意外に少ない。

●江戸の生い立ちとその特徴

最初に、江戸という都市を概観しておこう。江戸は京・大坂と異なり、徳川家康の入府によって拡大した新興都市で、さまざまな地域の人々が流入し、人口が急激に膨張していった。徳川氏が完全に権力を掌握してからは、士農工商という身分制度はあったものの、やがて庶民が生活面で主導権をにぎるようになり、一

表2　江戸の人口と男女比率

江戸の人口（町方および寺社門前前町人）					全国人口（単位万人）		
年　代	総　計	男100に対し女の割合	男人数	女人数	年　代	総　計	男100に対し女の割合
享保18年（1733）	536,380	57.6%	340,277	196,103	享保17年（1732）	2,610	86.9%
延享4年（1747）	513,327	59.0%	322,752	190,575	寛延3年（1750）	2,591	87.6%
寛政10年（1798）	492,449	73.9%	283,179	209,270	寛政10年（1798）	2,547	90.6%
天保3年（1832）	545,623	83.4%	297,536	248,087	天保5年（1834）	2,706	92.6%
弘化2年（1845）	557,698	90.1%	293,371	264,327	弘化3年（1846）	2,690	94.6%
明治2年（1869）	503,703	92.7%	261,392	242,311	明治3年（1870）	3,279	96.0%

小川恭一『江戸の暮らし122話』、関山太郎『日本の人口』より

大消費都市として発展していった。

江戸という都市の特色として、第一に挙げられるのは、幕府権力の根拠地であるため、武士の都であったということである。江戸百万人のうち半数は武家であり、その人々の家屋敷が七割近くを占めていた。このような江戸に住む庶民には、武士の風儀に染まるか、逆に武士に対する対抗意識を強めるかのどちらかであった。

第二に、江戸は全国一の米の消費都市であった。米は食材としてだけではなく、経済基盤の主なものでもあった。幕府も諸藩も米を基本とした経済システムを作っていた。

第三は、異常に男性人口が多かった。男女の人口割合は、享保十八年（一七三三）当時、男一〇〇に対して女は五七・六であった。一七三〇年代以降の江戸の男女比率を〈表2〉に示した（但しこの表には武家関係は含まれていない）。江戸は全国各地から集まった男性によって作られた町である。それは、単身赴任の大名家臣団と、男ばかりの江戸店、一旗揚げようとやって来た男たち、出稼ぎや無宿人などで、それも下層階級になるほど独身男性が多かった。

第四は、消費的性格（浪費）が強かった。幕府をはじめ大名・旗本等は消費者であるとともに、その人々の需要を満たすための御用

商人や、請負業者の間では金に糸目をつけない社交、接待が行われていた。その下で働く職人も「宵越しの銭はもたない」とか、「江戸っ子の生まれそこない金を貯め」などと江戸っ子気質を誇りにしたりしていた。

第五の特色は、火事の多かったことで、「火事と喧嘩は江戸の華」といわれるほど、江戸では火事が多かった。そのため大工、左官、鳶などをはじめ、諸々の職人や人足たちは働きさえすれば、特に貯えがなくても、その日の生活には困らなかった。火事が消費的性格に影響を与えた一因でもあったと考えられる。

このように江戸は武士の公用族や町人の成金族、復興ブームに乗る職人層を中心に、食べ物に対する消費性の高い都市社会に発展し、自由にいろいろなものを食べる江戸的な食文化が生まれたものと思われる。

●江戸の食材はどこから供給されていたのか

「三里四方の野菜を食べろ」という諺が示すように、野菜などは近隣から供給されていたと思われるが、大都市になった江戸の食材は、どこから、どのようにして集められたのだろうか。現在のように交通が発達していない時代のことである。船や荷車、人に頼っていたわけである。特に魚介類やその加工品は、鮮度と関係があり、運搬時間に急を用した。寺子屋などで江戸の地理・風俗の教科書としても使われ、明治までに六四回も版を重ねた『江戸往来』（初版は寛文九年・一六六九）によりその一端を知ることができる。それによると、江戸に運ばれていたものは食品全部で一一九種類、そのうち生鮮魚が四八種、加工品が二一種類、合せて六九種類であった。

魚の供給は「江戸前の魚」と呼ばれていたくらいであるから、目の前の入江の魚場を抱えて多種類の魚がとれ、その上、全国から船で多種多量の海産物が運び込まれていた。たとえば北海道（昆布、ニシン）、岩手

（サケ、カツオの味噌漬け）、宮城（エビ）、千葉（目刺し）、静岡（オキツダイ）、愛知（三州アサリ）、石川（サバ）、愛媛（イワシ）、鹿児島（鰹節）などのように日本各地からさまざまな海産物が日本橋の魚河岸に運びこまれ活況を呈していた〈図1〉。

その様子を川柳で見てみよう。なお、川柳句の表記は原典句を尊重しつつ、読みやすいように改めた。

図1　日本橋魚河岸のにぎわい
（「日本橋魚市繁栄図」歌川国安画、国立国会図書館所蔵）

江戸の土踏まずに戻る押し送り　一二・41

「押し送り」とは「押し送り舟」のことで、江戸の魚市場に相州（相模）や房総（上総）の近海でとれた魚を運んでくる舟をいう。荷揚げするとすぐに引き返し再び荷を運ぶため、船乗り達は江戸の河岸さえ上陸できなかったほど、忙しかったことを伺わせる。

押し送り日本と江戸の間へ来る　一三・41

「日本」橋と「江戸」橋の間は、魚市場、いわゆる日本橋の魚市場である。「押し送り」については、前句と同じ。魚市場の対岸が木更津河岸であることから、ピストン輸送する舟が、相模や上総から到着するところは、魚市場前の河岸である、という意である。

表3　江戸時代に食されていた主な魚介類（『本朝食鑑』より）

海魚類	淡水魚	貝類
アジ、アユ、アラ、アンコウ、イカ、イシガレイ、イシモチ、イワシ、エビ、オコゼ、カツオ、カド（ニシン）、カニ、カレイ、クジラ、クロダイ、クラゲ、コチ、コノシロ、コハダ、サクラダイ、サバ、サメ、サヨリ、サワラ、サンショウウオ、シラウオ、スズキ、スッポン、スナメリ、タイ、タコ、タラ、トビウオ、ナマコ、ハエ、ハゼ、ハタハタ、ハモ、ヒシコ、ヒラメ、フグ、ブリ、ボラ、マグロ、マナガツオ、モロコ	ウグイ、ウナギ、コイ、ドジョウ、ナマズ、ヤツメウナギ、フナ、サケ、マス	アカガイ、アサリ、アワビ、カキ、コヤスガイ、サザエ、シジミ、タイラギ、タイラガイ、タニシ、トコブシ、ハマグリ、ホタテガイ、ホラガイ

●江戸の人々が好んだ魚介類

元禄八年（一六九五）に刊行された『本朝食鑑』から、当時食べられていた魚介類の種類を抜き出し〈表3〉に示した。約七〇種類である。

また、『千葉大学教育学部研究紀要』の「古典料理の研究（十四）」（松下幸子他）に収載された「古今料理集」によって、当時は魚介類に上魚・中魚・下魚と格付けされていたことが分かる。

上魚　たい、はたしろ、ます、あんこう、あまだい、さより、しらうお、すずき、さけ、さわら、いしがれい、ます、あゆ、生だら、こい（淡水）、ふな（淡水）、

中魚　たこ、なまこ、こち、ひらめ、めじか、もうお、あじ、あら、いか、ぼら、あかうお、かつお、あかえい、ほうぼう、いしもち、すばしり、うなぎ（淡水）

下魚　生ぶり、くろだい、はぜ、生さば、かど、さめ、生いわし、ふぐ、こはだ、むつ、おこぜ、しまあじ、はえ、生くじら、まぐろ、ひしこいわし、このしろ、ざっぱ（ままかり）、どじょう（淡水）、うぐい（淡水）

上魚には白身魚が多い。サバ・マグロなどの赤身魚は下魚とされていた。扱い方のよし悪しや、栄養面も

考えられるし、また言葉の意味合いも関係したかもしれない。

このような魚介類がどのように食べられていたのか〈図2〉「おかず番付」（『日々徳用倹約料理角力取組』／

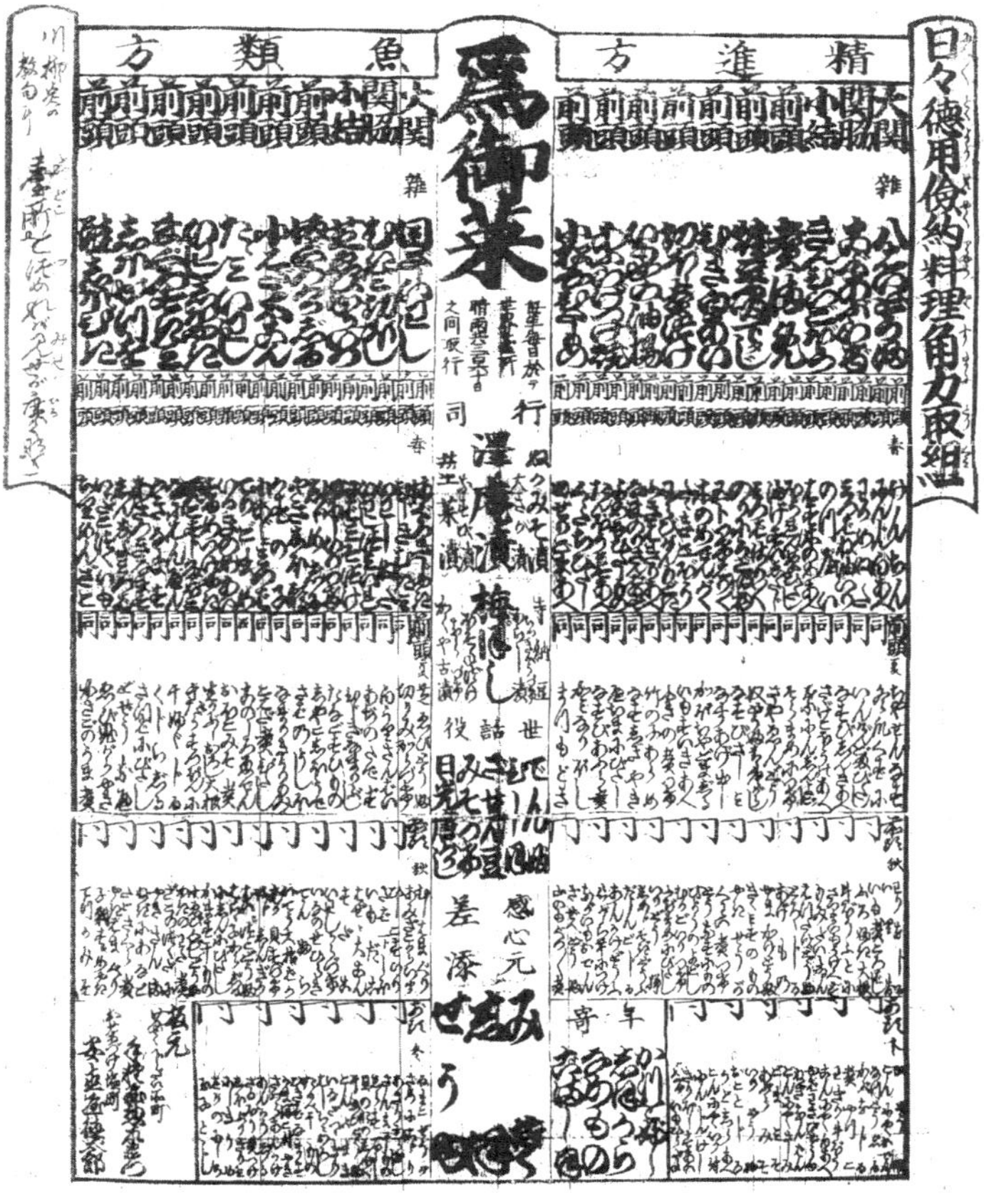

図2　「おかず番付」（『日々徳用倹約料理角力取組』）

相撲の番付に模して東を「精進方」、西を「魚類方」とした料理の一覧）では魚介類を使った料理を選び出し、料理別に分類してある。

また『守貞謾稿』から江戸の庶民が好んで食べた料理や、屋台物・菜屋ものなど、外食の主なものを〈表4〉に抜き出した。

屋台物（外食）　にぎりずし（はやずし）、うなぎのかばやき、二八そば、柳川なべ、いかやき、天ぷら（串揚げ）

茶屋名物　奈良茶飯、つくだ煮

小店物　ようかん、まんじゅう

棒手振り　初鰹、すっぽん、あさり・しじみのむきみ、魚類（まぐろ、かつお、いわしなど）、納豆、野菜（洗ってすぐに使える）

煮売り　煮豆

辻売り　惣菜売り（今のテイクアウト）

屋台の腰かけ料理（揚げたり、焼いたり、煮たりしたもの）は、その場ですぐ食べられるように手を加えたもので、せっかちな江戸の庶民は好んで求めた。そこで、人の集まるところには、屋台や屋根なしの売り台など「買い食い商売」が繁盛した。抜き出したものを見ると、この種の屋台で人気のあったものは「かばやき」「すし」「二八そば」「てんぷら」などであった。

これらを参考にして魚介・海藻類とその加工品、それを使っての料理の詠まれている川柳を調べた結果、一番多かったのが、鰹で七二二句、初鰹が六三一句で、両者を合わせると一三五三句になった。揚出句の出典は記号で、出典一覧としてのせた〈表5〉。

表4　江戸庶民の日常食（魚介類・『守貞謾稿』より）

焼き物	煮物	汁物	なま物	漬物
うなぎのかばやき	むきみ切りぼし	まぐろのから汁	まぐろすきみ	なまりきゅうりもみ
まぐろのきじやき	芝えびからいり	むきみ汁	かきなます	あか貝すづけ
さばのみそづけ	田にしいりつけ	いわしのつみれ汁	あさりきなます	いわしからづけ（おから）
やきしおます	ひじき・なまりぶし	しじみ汁	生まりぶしおろし大根	すだこ
するめのつけやき	しゃこしおゆで	小あじにみつば汁	はしらにおろし（貝柱・大根）	ひずなます
このしろ魚でん	干だらすっぽん煮	なにはんぺん汁	なまこしょうが	かずの子
やきはまぐり	こはだ大根	しんじょうみつば汁	さっぱにびたし	にしんにびたし
かますの干しもの	かさごのうま煮	芝えびどうふ汁	あじのたでず	
やきさんま	どぜうなべ	干しふぐ汁	いわしぬた	
小鮒のすずめやき	いもだこ	くじら汁	こはだにびたし	
さんまの干しもの	はぜと大根	はらこから汁		
たかべの干しもの	かきのわた煮	ばりととうふ汁		
めざし（焼き）	ざこのつくだ煮	小えびくずし汁		
たたみいわし（焼き）	さるぼう煮つけ	ねぎにあなご汁		
いわしのしおやき	こぶまき	干しえびどうふ汁		
さばのひと塩（焼き）	さわらのあんかけ	あんこう汁		
えびの鬼がら焼き	ばかのにしめ			
いなのせびらき	たこさくら煮			
てりごまめ	さめにこごり			
かまぼこつけやき	干しえびどうふ			
	いなだのつつ切り			
	ちりめんじゃこ（つくだ煮）			

表５　主な川柳出典一覧

出典	略称	編	年号
誹風　柳多留		1～167	明2～天保12
誹風柳多留拾遺	拾	1～10	寛8～9
川傍柳	傍	1～5	安9
やない筥	筥	1～2、4	天3
佐久良多比	桜鯛	1～2	文政6
柳のいとぐち	糸口上	上	天保10
濱荻	濱荻		天保
柳のわかば	柳若葉		天保7
雲龍評万句合	雲龍		明元
幸々評万句合	幸々		明8～安2
苔翁評万句合	苔翁		宝10～明2
新編柳多留	新	1～40	天保12
誹風　新々柳多留	新々	1～3	弘化4
俳諧　武玉川	武	1～18	寛延3
菊丈評万句合	菊		寛延2～明4
一安居士追善會	保14～安		天保14
狂句　新五百題	新五百	上下	嘉永3
入船會狂句合	嘉四・入		嘉永4

年号　宝→宝暦、明→明和、安→安永、天→天明、寛→寛政

表6　海の魚の栄養成分量

栄養成分／単位／食品名	エネルギー	たんぱく質	脂質	カルシウム	脂肪酸			コレステロール	レチノール
					飽和	一価不飽和	多価不飽和		
	Kcal	g	g	mg	g	g	g	mg	μg
かつお	114	25.8	0.5	11	0.12	0.07	0.14	60	5
ふ　ぐ	85	19.3	0.3	6	0.06	0.04	0.10	65	3
たい（まだい）	142	20.6	5.8	11	1.47	1.59	1.38	65	8
くじら	106	24.1	0.4	3	0.08	0.11	0.06	38	7
さ　め	159	16.8	9.4	6	1.72	2.88	1.76	50	210
いわし（まいわし）	217	19.8	13.9	70	3.84	2.80	3.81	65	40
まぐろ	106	24.3	0.4	5	0.08	0.05	0.11	37	2
あんこう	58	13.0	0.2	8	0.02	0.02	0.04	78	13
あ　じ	121	20.7	3.5	27	0.86	0.81	0.95	77	10
かれい	95	19.6	1.3	43	0.25	0.26	0.32	71	5
ひらめ	103	20.0	2.0	22	0.43	0.48	0.61	55	12
さんま	311	18.5	24.6	32	4.23	10.44	4.58	66	13
このしろ	160	19.0	8.3	190	2.27	2.51	1.95	68	?
さわら	741	26.1	9.7	13	2.14	3.26	2.30	6	12
すずき	123	19.8	4.2	12	1.04	1.20	1.08	67	180
ぼ　ら	128	19.2	5.1	17	1.17	1.40	1.56	65	8
た　ら	79	18.1	0.2	41	0.03	0.03	0.07	74	56
さ　ば	202	20.7	12.1	9	3.29	3.62	1.91	64	24
さより	95	19.6	1.3	41	0.26	0.21	0.42	100	?
いしもち（ぐち）	83	18.0	0.8	37	0.18	0.17	0.20	66	5
は　も	144	22.3	5.3	76	1.36	1.27	1.45	75	59
ぶ　り	357	21.4	17.6	5	4.40	4.33	3.75	72	50
あなご	161	17.3	9.3	75	2.26	3.70	1.65	140	500
はたはた	113	14.1	5.7	60	1.02	1.90	1.51	100	20
にしん	216	17.4	15.1	27	2.97	7.17	2.40	68	18
たらばがに	58	13.0	0.3	51	0.03	0.05	0.08	34	0
くるまえび	97	21.6	0.6	41	0.08	0.05	0.12	170	0
しゃこ（ゆで）	98	19.2	1.7	88	0.24	0.23	0.32	150	180
た　こ	76	16.4	0.7	16	0.07	0.03	0.14	150	5
い　か	89	17.9	1.4	12	0.25	0.07	0.31	280	4
なまこ	23	4.6	0.3	72	0.04	0.04	0.05	1	0

『日本食品成分表』（2001年）より作成

第二章　海の魚

鰹　カツオ

川柳などに出てくる「鰹」は、「初鰹」も含め他の魚介類より非常に多い。どうしてこのように多いのかはさだかでないが、次のようなことが考えられる。

(1)値段が高かったことが、江戸の人々にかえって優越感を与えた。
(2)初物喰いの風潮が強かった。
(3)食する期間が短期間で、しかも年に一度しかその季節がなかった（初夏のみ）。
(4)生食（刺身）のため鮮度が要求された。
(5)句として入選する割合が他の魚介類よりも多く、それが逆にまた一種のブームになった。

以上のことが主な理由と考えられ、そこから「初鰹」をはじめ、カツオの句が多数詠まれたものと思われる。

●初鰹の価格

初鰹が高値であることを詠んだ句はしばしばみられるが、どのくらい高価であったかというと、『評判の俵』（天明八年・一七八八）によると、「初鰹の献上は寛永八年（一六三二）の記録が最も古いが、初鰹の値段については、鰹の初値が二貫五百であった」という。また、大田南畝の『壬申掌記《じんしんしょうき》』（文化九年・一八一二）には、

「文化九年には、三月二十五日に魚河岸に入荷した初鰹の数は十七本で、六本は将軍家でお買い上げ、三本は料亭八百善が二両一分で買い、残りが一般売りとなり、そのうち一本を中村歌右衛門が三両で買って、大部屋の役者にふるまう」とある。

当時の下女の一年間の給金が一両二分くらいといわれているので、いかに高価なものだったか、それも法外なものであったかがわかる。

そこで詠まれた句であるが、高くてあまり売れないという句や、二軒で一本のカツオを分け合ったり、他の品物と比較した句、初夏になって初鰹のことについていろいろ話は耳にするが、高価なので見ているだけとか、かりに買っても主人や客の口に入るのみで、家のものはただ見るだけで口にすることはできないという句などがある。

初がつほ十けん呼んで壱本うれ　九・42

前述のように、出はじめは相当高かった。十軒声をかけても売れたのは、一軒ぐらい。

高いよと初手におどかす初鰹　一〇・39

「初て」は最初。あらかじめ「初鰹は高いよ」といって、ひやかしはゆるさない様子。

初かつほ片身となりへなすり付　一〇・33

高価なので一軒では買い切れない。片身を隣家にむりにでも押しつける。

初がつほ〳〵とてまだくわず　**八・13**

初鰹売りの呼び声やうわさは耳にしても、高すぎるので、まだ食べていないという庶民の懐具合がよくわかる。加賀千代女の「ほととぎす、ほととぎすとてあけにけり」からの本歌取り。

初がつほ家内残らず見たばかり　**初・22**

主人や客の酒の肴と消え、家の者はただ見ただけで、口には入らなかった。

●初物喰い

初物に寄せる江戸っ子の関心は強かった。初物を食することによって七十五日寿命が延びるといわれ、カツオにかぎらず初物をきそって食べた。このため初物喰いは種々の食品の値をつり上げた。そこで「早出しもの停止」の禁止令が徳川幕府から再三出された。その中でカツオに関しては「鰹五月節より」とある。

早出しもの停止

享保二年（一七一七）の秋時より、早き食べ物を御停止。

真桑瓜六	月節より
初　茸	八月節より
鮭	五月節より
竹	子四月節より
瓜なすび	五月節より

鰹　　　五月節より
水　鳥　　十一月節より

享保三年五月末、真桑瓜を売りたる者あり。尾張町に一人、神田に一人、戸閉にて糺明に及ぶ、のち過料。(『御触書享保集成』より)

江戸でこのようにさわがれるカツオだが、大坂では松魚ともいわれ、どのように好かれていたのか。大坂の風俗を書いた久須美祐雋の『浪花の風』(安政三年・一八五六)には、

松魚は絶てなし、偶々出ることありても、十月より末にて、初松魚賞玩すること絶えてなく、土地の人は今もなほ毒魚なりとて、鮮肉は食ふものなき故なり

と、いたって冷静に記されている。江戸でもてはやされたカツオがなぜ西では好まれなかったか？　カツオは回遊魚で、南方から黒潮に乗って鹿児島から土佐沖・和歌山を経て小田原・三陸へと北上し、秋になり水温が下がると再び南方に帰ってゆく習性がある。土佐を経て紀州沖へかかる時期は、脂が少ないためおいしくなく生食には適さなかったためである。

ところが小田原や鎌倉沖を通過する初夏のころには、脂がのり、はじめておいしい時期となったので、江戸の人々にとっては年に一度、待ちこがれた魚となった。味だけではなく、江戸の人々が初鰹を初夏の風物詩として江戸っ子の威勢のよさをみせ、それが流行ともなれば、長屋の住人たちまでも争って買い求めたので、初鰹売りの鼻息は大変なものであったという。

ほととぎす聞かぬといへば恥のやう　二・40

この句は、山口素堂（一六四二〜一七一六）の「目には青葉山ほととぎす初鰹」の句を下敷きにしたもので、句にはカツオの文字はないが、初鰹を題材としている。江戸時代「初音」といってその年初めての鳴き声を聞くことは、当時の季節における、習わしの一つであった。初音には、うぐいす、ほととぎすなど何種類かの鳥がいるが、この句でほととぎすと限定しているために、素堂の句と結びつく。直接の意味は、「皆がほととぎすの初音を聞いているのに自分一人だけ聞いていない。恥だなあ」となり、それだけで句の解釈としては、成立している。しかし、他の川柳を調べると非常に多数のほととぎすの句が、素堂の句と結びついており、その大部分が、ほととぎすとカツオの両者に結びついている。

聞いたかととへばくったかとこたへる　二二・21

聞くは聞いたがくう事ハなんとして　三一・8

目と耳はロハだが口は銭がいり　三九・18

初鰹に関しては、江戸時代のはじめ、慶長十五年（一六一〇）の『慶長見聞集』に「カツオ、シビは毎年夏に至り西海より東海へ来る。伊豆、相模、安房の海に釣りあぐる初鰹賞翫也」とある。初鰹は先に挙げた「目には青葉山ほととぎす初鰹」の有名な俳句があるように夏が来たことを知らせる魚であった。江戸ッ子は「女房を質に入れても初鰹」といった俗諺もあるように、通人をはじめ酒好きは好んで食したようで「初鰹……」という句は、季節を表している。

鶴が岡近処で松の魚がとれ　梅一四・27

鎌倉からの早打ハゑぼし魚　五二・18

「松魚」「烏帽子魚」は共にカツオの異名。江戸の町でよく食べられていたカツオの出荷地は、三浦半島近辺、主に鎌倉から押し送り舟で芝浦や日本橋の魚河岸へ送られて来た。

初がつほこれも左の耳で聞き　三・35

初鰹売りが来た。酒呑みがこれを聞き、初鰹で一杯やるのを、こたえられないと思った。酒呑みのことを、左利きということから、初鰹の売り声も左の耳で聞いているに違いない、という句であろう。

●鰹売り

鮮度を最優先するカツオのような魚については、売り方にも工夫があり、江戸の鰹売りは、少量をなるべく早く売りさばく必要があったわけである。

売り方には行商と辻売り、店構えの三通りがあり、カツオは行商といって移動売りが中心であった。それは担売《かつぎう》りともいい、天秤で品物（魚など）を担い、呼び声を出して売り歩くことで、この者を江戸では棒手《ぼて》振りと呼んでいた。〈図3〉のように初鰹売りは盤台に少量のカツオを入れて新鮮なうちにより早く売ろうとしていたのである。カツオに対してあまり興味をもたない大坂では〈図4〉のように、魚屋は篭を使って売っており、江戸と少し異なっていた。

「三四月の頃初鰹をうるにはいきほひとぶがごとし　篭に半臺をいれて商ふ」とあるように数尾のカツオを半台に入れて勢いよく売りに歩いた

「江戸魚賣の荷の所圖　もつこ上に籠を置き半臺を置き半臺は桶の名也　半臺及籠共に楕圓形也」とある

図3　江戸の魚売り（左：『街能噂』／右：『守貞謾稿図版集成』より）

大坂の魚屋「かくのごとく篭へ入れてあきなふ」とあるように篭に魚などを入れて売り歩いた

「泉堺の魚賣攝尼ヶ崎亦同之」と大坂と同様に篭に魚などを入れて売り歩いた

図4　大坂の魚売り（左：『街能噂』／右：『守貞謾稿図版集成』より）

鰹うり名でよばれるはあたらしい　　二・36

鰹売りが、客から名前で呼ばれるのは、顔馴染みだからである。常連の客には、粗末な品を納められない。これもこの魚屋が、客から信用されているからであろう。

せいもんの度に水打つ初かつほ　　二・9

誓文《せいもん》は神仏にかけて誓う言葉をいう。初鰹は、小判でなければ買うことができないほどの高価な魚であり、鮮度が命なので、新しいよというたびに、神仏に誓いながら水をかけたわけである。冷たい水（次句でみると井戸水）をカツオにかけることにより、少しでも鮮度を落とさないように努力していたのであろう。

鰹うりつるべを落し逃て行き　　三・2

鰹売りは、冷たい水をかけて、カツオの鮮度を保った。そこで井戸水を使うのだが、釣瓶《つるべ》井戸にある桶を井戸の中へ落してしまっても、拾い上げる時間をおしみ、そのまま行ってしまう。鮮度の落ちるのを、気にしている様子が窺える。釣瓶井戸は、時には、滑車から綱がはずれたり、綱から桶が外れて、一度《たび》落すと拾うためには、大変な手間と時間を取られる。だから、その桶を落した時は、そのまま鰹売りは、逃げてしまうというのであろう。

かみさまじゃ出来ぬとにげるはつ鰹　七・11

財布の紐の堅いおかみさんたちでは、とても値段を決めることができない（男がいないからであろうか）とカツオも見せないで逃げてしまう初鰹売り。

初がつほかついだまゝで見せて居る　一〇・19

呼びとめられても、直感で本気で買うもの以外は盤台を下に置かずに、荷を下ろさずカツオを見せるだけで次に向かう。

肴うり四ツ過ぎ迄はえらを見せ　八・9

魚屋は四つ（午前十時）頃までは、カツオのえらをみせてその新鮮さを誇示した。午後になるとそうはしなかった。この魚屋は鰹売りとしてよいだろう。

さかなうりうつちやるえらを見せあるき　三・29

これも前句と同じで、えらは食べられないので捨ててしまうけれども、魚の鮮度がえらで分かるので、真っ赤なえらを見せて売り歩いた。現在でも鑑別法の一つとして用いられている〈図5〉。

初かつほ煮て喰ふ気では値がならず　五・42

初鰹のよさは刺身で食べることである。そのためには、鮮度がよくなければならない。値段も必然的に高くなる。また煮て食べるには、多少古くなってもよいが、そのような物を、高い値段で買う客もいないであろう。刺身として高く売りたい鰹売りと、安く買って煮て食べたい客とでは値段が折り合わないのは当然であろう。

鰹うりとなりへ片身聞きに行き　四・37

初鰹を買いたいが、丸ごと一本は高価過ぎるので、隣りといっしょに一尾を買わないかと交渉にゆく鰹売りの句。

図5　えらを見せて売り歩く魚売り

大ばすに切って松魚を安くする　一〇・3

「大ばす」とは「大はすかい」で、大きく斜め切りにすること。「安くする」は「価値を下げる」の意。うまい刺身を作るには、よく切れる包丁で細心の注意を払い、丁寧に切らなければならない。せっかく高いお金を出して、カツオを買っても、大雑把に切ったのでは刺身としては台無しとなってしまう。なお、プロが「大ばす」に切る例としては、マグロ（ナタで切る）があり、マグロの項を参照にされたい。

今くへばよしと肴屋置いてゆき　五・36

たぶん昼下がりであろう。「すぐに食べるならまだ大丈夫」と、魚屋はカツ

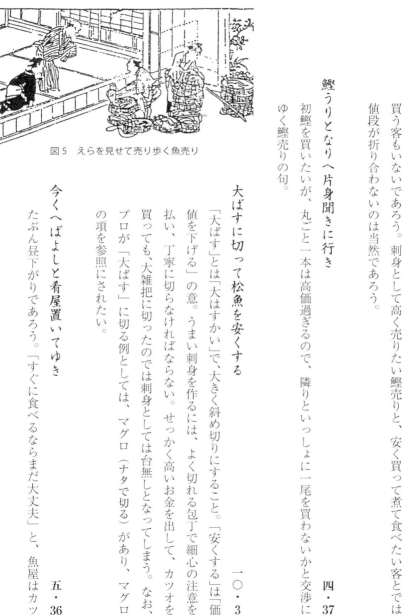

オを安くしてくれたのであろう。それは、最後の一匹だったかもしれない。

路上での販売の様子も〈図6〉のように残っている。

魚屋の店先の様子が分かる句は見つからなかったが、四代目栗山善四郎の『江戸流行料理通』（文政五年・一八二二）によれば、「市中での飲食店は、五歩に一楼、十歩で一閣、魚屋の看板や、酒屋ののれんの絶え間なく続くのが見える」とあるところから、非常に多数の魚屋があったのであろう。

図6　鰹売り（一陽斎豊国）

●カツオの買い方

カツオを買う側からの句では、高価なカツオゆえに買い方もユニークなものもある。買い方が値をつけたり、安くなってから買うという句や、求め方に知恵をしぼっているものなどいろいろある。

初がつほあつかましくも百につけ　3

初がつほ内義こわ〳〵百に付け　四・35

初鰹を値踏みして「百文でどうか？」とは、ずいぶん厚かましい値をつけたようだ。『壬申掌記』の二両一分を基準にして、銭に直すと二両がおよそ八千文で、安くても千文一分以上というのが当時の常識であったので、魚屋があきれるのも無理のないことである。しかし、台所を預かる女房としては、そんな高価な物は買うことはない。たとえ百文でも、清水の舞台を飛び降りるつもりで、値をつけたものと思う。

はつ鰹旦那ははねがもげてから　四・4

カツオは、安くなってから食べるという、けちな旦那がいた。「羽が生《は》える」は、商品がよく売れるたとえ。「羽根がもげる」は商品が安くなることをいうのであろう。けちな旦那は、旬が過ぎてから、買うというのだが、果たしてそれを、初鰹というか。倹約で名を売る伊勢屋の主人だろう。

初かつほふんごみの衆天窓《あたま》わり　初・40

「踏籠《ふんごみ》・踏込《ふんごみ》」は、江戸の旗本などに流行した袴で、裾が狭く野袴として用いた〈図7〉。遠乗りか武芸の稽古の帰りであろうか、踏籠姿で連れだった若い武士が、初鰹売りを呼びとめ、持ち合わせを出し合って買った。「頭割り」とは、今でいう割勘《わりかん》である。遠乗りか　稽古で汗をかいたので、これから初鰹を肴に一杯やろうか、というところだろうか。

●カツオの調理法

魚の調理法は何種類か詠まれているが、カツオの調理に関する川柳はあま

図7　踏込み

り見当たらない。カツオは刺身で食べていた。当時は酢味噌または辛子味噌で、それもつぶ味噌であったため、すり鉢ですって用いた。煮ても食べていた。生鰹が高値であることが分かるような盛り付け方なども工夫した。

御てい主の留守で鰹を手負にし 初・22

普段は刺身などは作らない女房が初鰹を買った句。亭主の留守にカツオを買って、喜ぶ顔が見たくて刺身にしてみたが、切れない包丁で、ぐちゃぐちゃにしてしまった。「手負い」は、戦って傷を負うこと。

片身になるのを女房へおんにかけ 九・19

初鰹を一本丸ごと高い金を出して買った。買ったのは亭主であろう。半身は刺身にし、酒の肴とし、残った半身は煮て食べるようにして女房のごきげんを取る。

初鰹薬のやうにもりさばき 初・28

高価なので初鰹の刺身を、まるで薬でも盛るように、少しずつ細心慎重に盛りつけた。

おつかけて壱升ふやす初かつほ 八・24

酒の肴には辛子味噌をつけた初鰹が最高。酒を注文したが足りそうもないので、追いかけてさらに、一升追加した。呑兵衛の考えることは、昔も今も同じようである。

はつ鰹ひと口のめと下女へさし　四・7

初鰹で、一杯呑んでいる主人が、どういう風の吹きまわしか、そばに居る下女に「まあ一口呑めよ」、と勧めている句。高価なカツオで呑めるので、そのうれしさのあまりか、下女へのおすそわけ。

初かつほふといやつだと猫を追ひ　六・10

高い初鰹をねらうとは、ふとい奴だと猫を追いはらっている。猫も初鰹のうまさが分かるのか。

初がつほ搗屋呼びつぐばかりなり　21

ここでいう搗屋《つきや》とは搗米屋。大道で米を搗《つ》いて回る商売のことである。家の中から鰹売りを呼び止めたが、聞えない様子なので、搗米屋が呼び継いでやったのであろう。せっかく親切に呼び止めてやっても、御相伴《ごしょうばん》にあずかることはない。

●カツオの加工品

・鰹節

日本料理のだしの素の三大傑作は、鰹節、昆布、煮干しで、この三種類が旨味の基本になっている。そのなかでも「鰹節」はカツオを加工した「すぐれもの」といえよう。

現在の鰹節に近い作り方を発明したのは、紀州の漁師で「甚太郎」という人と伝えられている。延宝二年（一六七四）土佐浦で獲ったカツオで、「鰹節」を作ったのが始まりとされている。その時には、かびつけの工程がなかったが、現在では鰹節はカツオを五枚おろしにし、煮熟してから、いぶし（薫製《くんせい》）、十分に乾燥させ、かびつけ（二〜三回）をしながら、水分を一四〜一六％にまで減らして仕上げる。かびつけと乾燥を交互に行うことによって、中心部まで同じように乾燥させることができ、長期保存ができて旨味も増す。カツオが回遊魚ということもあって鰹節は、日本の太平洋岸の各地で作られている。主な産地は、南から鹿児島（枕崎）・高知（土佐）・静岡（焼津）・宮城（気仙沼）などで、鰹節には産地の名前をつけている。例えば「薩摩節」「土佐節」「紀州節」「焼津節」「三陸節」と呼ばれている。南から北に移動するにつれて脂がのるので、好みにもよるが、脂肪の少ない薩摩節を良品としている。鰹節・煮干しの旨味成分の主なものはイノシン酸で、昆布の旨味成分であるグルタミン酸ナトリウムなど二種類以上の旨味成分を合わせると相乗効果を生じ、旨味を増す。経験から味の相乗効果を知っていたわれわれの先祖は、鰹節と昆布を組み合わせておいしい味を作ってきた。椎茸のグアニル酸を加えてより一層おいしい出し汁を作るようになった。鰹節の旨味は、日本人が考えて作った独特の旨味である。

かつぶしの垢摺にするしゆろたわし　一五五・2

鰹節を使いはじめる時は、棕櫚《しゅろ》のたわしでこすって、その表面のカビを落とすのだが、まるで人が風呂に入って垢を落としているようであるという句。

壱番に支度して置く鰹ぶし　明四・満1

煮物・汁物を作るとき、まず鰹節を削り、お湯を沸かして、その中に入れて出し汁を取っておく。

女房へかつを節じやと亭主い、　幸々評明八雅2

味にうるさい亭主。出し汁は鰹節でとるようにと女房に指示している。料理によって出し汁の種類が違うので、今日の料理は鰹節が一番よく合うから。

乳貰いの袖につつぱる鰹節　初・11

乳を貰い乳の御礼に鰹節を持参したのか。

同じ鰹節でも、削り方によって、だしの味や、でき具合がちがってくる。うすく、大きく削るのをよしとしている。また、削ったものを「花がつお」と呼ぶ。当時は下女が食事を作る際、そのつど削って使ったので次のような句がある。

花がつほ下女はだいなしに葉にけづり　七・16

下女が鰹節をめちゃめちゃに粗く削ってしまったので、花びらどころか葉のようになってしまい、せっかくの鰹節を台無しにしてしまった。

・なまり節

『俳諧歳時記栞草』（嘉永四年）に「鰹節のいまだなま〳〵しくて枯ざるを云」とあるように、製法はほぼ鰹節と同じであるが、煮熟して、一日くらい半乾したものをいう。江戸時代はこれを小刀で削って日常食にもしたが、旅にも持って行った。また、これをカツオブシとも呼んでいた。

土佐節も及ばぬ江戸のなまりぶし　八七・7

なまり節も江戸名物であった。

・塩辛と酒盗

カツオの内臓で作った塩辛のことを「酒盗」という。『和漢三才図会』には「鰹の肉と小骨をたたいて塩辛にしたものを「鰹のたたき」、腸《わた》で作ったものを「酒盗」という」とあり「これを肴にすると酒が盗まれたようにすすむために名付けられた」ともいっている。なお、ここで「たたき」と言っているのが現在の「塩辛」のことである。

女房の留守塩からでのんで居る　一〇・6

鰒・河豚　フグ

『本朝食鑑』によると、「河豚。豚というわけは、その味が美《よ》いからである」とある。なお「肉が白く、脂がなく、味は淡くて最も美い。大骨の両辺に赤血肉があり、煮炙すると黒変する。腹・腴《つちずり》が最も美い。古人はこれを西施乳《せいしにゅう》といっているが、しかし腹中に毒があるので、避けて食べないのである」とあり、日本では古くから食用とされていた魚である。各地の貝塚からフグの骨が出土することから、有史以前の太古から食べられていた。

『国譯本草綱目』（一五九六）にはすでに、「河豚の性は有毒」であると記している。川柳などではフグ中毒を扱ったものが多く、カツオに次いで詠まれている。

江戸時代にはフグのことを「鉄砲」といった。当たれば死ぬことからきている。フグ中毒はフグに含まれている毒素テトロドトキシンであるが、無味・無色・無臭で水によく溶けるので、毒があるかないかは、中毒するまでわからない。

日本で最初に鰒食禁止令が出されたのは、安土・桃山時代といわれており、幕府も鰒売買に警告を出している。

江戸時代初期の『慶長見聞集』にも「鰒の肉に毒があり食すると死すことも有」とあり、多くの人が死んだと記されている。また貝原益軒は「身を慎む人、食うべからず」と『大和本草』で警告している。

鉄砲と仇名を付けてこわがらせ　宝八・天

フグを隠語で鉄砲というのは、前述したように毒に当れば死ぬという洒落。度胸のないものにとっては、鉄砲というあだ名だけで、こわがって食べない。こんなにうまいものを馬鹿だなぁ、もったいない。

片棒をかつぐ夕べの鰒仲間《ふぐ》　初28

昨晩、一緒にフグを食べた仲間の一人が、中毒死した。運よく助かった仲間は、罪ほろぼしのつもりで、棺桶の片方をかついでいる。まかりまちがえば、反対に、自分が死んでいたかも。落語「らくだ」の枕。

飲み仲間一人死んだで酔がさめ　宝一二満2

これもフグとは書いていないがフグの句。鰒鍋を囲んで、酒を呑んでいたら、仲間の一人が死んだので、一気に酔いがさめてしまった。

ふぐ汁の表をばかな寒念仏《かんねぶつ》　一〇・29

寒い夜、あたたかい部屋で、鰒汁を食べて幸せな一時を過していた。外では、寒念仏を唱え、鉦《かね》を打ち鳴らす行者が来た。寒念仏とは、寒中修行の一つ。寒の三十日間、夜中に鉦を叩き念仏を唱えながら巡行する。「この寒い時に馬鹿なこった」。

もう外に死に人なしかと鰒を買い　八・6

自分は、フグを買うつもりだけれど、「もうほかに死ぬ覚悟のできた人はいないか」などと冗談を言いながら、仲間を集めている。

鰒汁を喰わぬたわけに喰うたわけ　八七・13

「毒のあるのは知っているけど、こんなにうまいものを、なぜ喰わないのか」と、いつもおいしく食べている者は言う。食べない者は「いくらうまくても、毒に当ったら何もならないじゃないか」という。うまさを知らない「たわけ」と毒を恐れぬ「たわけ」、両者どちらが馬鹿か。

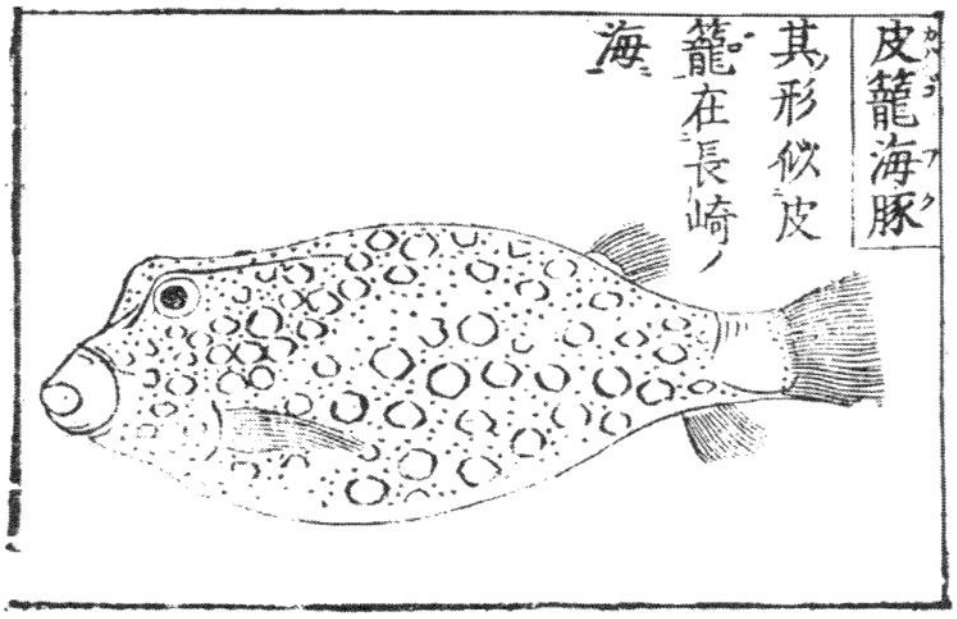

図8　皮籠河豚（『大和本草』）

おそろしきものの喰いたき雪の空　一〇・35

雪の日に食べたくなる句のフグ。「河豚は食いたし、命は惜しし」というように、フグの中毒は恐ろしいが、それにも増して、美味なので、特に寒い雪の日は食べたくなる。

俳句でもフグは多く詠まれている。松尾芭蕉は「ふぐ汁や鯛もあるのに無分別」、小林一茶は「ふぐ食はぬ奴にはみせな富士の山」と詠んだ。近代に入っても高浜虚子の「俳諧のために河豚食ふ男かな」とか、日野草城の「男の子われ河豚に賭けたる命かな」といった句もある。

●フグの調理法
フグは冬の食材なので、鍋料理がもっとも適している。現在の「ちりなべ」である。当時は「ちりなべ」とは言わず、「ふぐ汁」という言葉を使っていた。

ふぐ買って余所の流しへ持ってゆき　初・30

猛毒のフグを調理することを女房は極度に嫌がったので、男どもは他人の台所で隠れて調理した。

●フグの加工品
・白干し、味醂干し
火で焙って酒の肴とした。
・ひれ干し
ひれ酒にした。

鯛　タイ

『本朝食鑑』にはタイは「鱗中《ぎょるい》の長」と記され、縁起ものとして正月や結婚式などの祝いの膳、恵比寿講にはなくてはならない、いわば魚の王様として扱われてきた。それは横井也有（一七〇二～一七八三）の『鶉衣』の「百魚譜《ひゃくぎょのふ》」に「花は桜木、人は武士、柱は檜、魚は鯛」とあることからも分かる。

一つは名前が「めでたい」に通じるというゴロ合わせのため。鮮やかな赤色が華やかな祝いごとにふさわしい意味もある。「尾頭つき」とは、頭から尾まで丸ごと一尾のことで、祝いの席では「切る」「壊れる」などの不幸を感じさせる言葉を嫌う習慣があり、このために丸ごと一匹を調理した。

めでたい魚とされていたことについて、『本朝食鑑』では「昔より宗廟の祀《まつり》に供され」とあり、勢多章甫《せたのりみ》の『思ひの儘の記』には、「干鯛《ひだい》といふものは、年中御祝儀にも、進物にも必ず用いられしなり」とあり、タイは時を定めず年中、祝儀のある際にはもちろんのこと、進物などに用いられたことが分かる。「鯛のから蒸し」は加賀百万石（現在の金沢）の婚礼料理にもある。また瀬戸内海で作る「鯛の浜焼き」は、おめでたいことのお祝いとして喜ばれている。

図9　酒宴で鯛の塩焼（栄之「夏宵遊興図」より）

諺の「腐っても鯛」の一説に次のようなものがある。これは恵比寿講に由来するという。江戸の町中の商家が恵比寿講にタイを「掛鯛」にして供えることから、品不足になり、値段がはね上がり腐っていても用いたところからきている。

もう一説は、タイは腐りにくい魚であるところから、少々悪くなってもよく洗い、強めの塩をして焼いたり、煮物やでんぷにしたりすると食べられる。このような実益もあって「腐っても鯛」と尊ばれたものである。

くさっても鯛を伊勢屋は喰はぬ也　**傍四・27**

たとえ腐って、安くなったタイでも、商人として成功した伊勢屋は、ケチで有名なだけに決して食べなかった。そのくらい、倹約しなければお金は貯まらない。

二三軒つとめて鯛は暑に当たり　**四八・28**

タイを贈られても、自分の家では食べないで、他の家へ贈り物として使った。また、もらった家でも同じように次の家へ贈り物とした。いくらタイでも、二三軒くり返されれば、夏の暑さでは、もたない。人間が、暑さに当ってしまうこを「暑気当り」というが、タイだって、暑気当りをするだろう。

焼いて見つ煮て見つ鯛の古さ哉　**新初・4**

本句は、伝・加賀千代女の句「起きて見つ寝て見つ蚊帳の広さかな」の文句取りである。千代女の夫が死んだあと、一人になった時に作ったものといわれる。いくら鯛でも、本当に古くなってしまうと「煮ても焼いても食えぬ」ということか。

生きているタイでも五～六月頃に産卵をすませ、外海に出るころにはやせてしまって味もグンと落ちる。「腐れ鯛」「落ち鯛」ともよばれた。

「桜鯛」は瀬戸内海で春先とれる真鯛のことで、この時期産卵のために浅瀬に集まって来る。あまり大きくないが「桜鯛」と呼ばれるように、魚体が赤く脂がのって、おいしいので人々に喜ばれた。「関東鰹に関西鯛」ともいわれるが、川柳にも「桜鯛」は多く詠まれている。

からし味噌なんと聞いたか桜鯛　　一〇九・10

江戸では、桜鯛は、うす塩をして、さっと焼いて食べるのが一番おいしいといわれていた。その桜鯛を刺身とし、辛子味噌で食べると、辛子がツンときて、味噌の匂いが強すぎて、桜鯛の旨味が薄れてしまう。鰹の叩きには、辛子味噌がよいが、桜鯛には合わない。「なんと聞いたか」は、初鰹を暗示している。なお桜鯛の旬が終る頃になると初鰹が出て来る。

吉野椀短冊独鈷《うど》に桜鯛　　一三四・7

吉野と桜は縁語である。吉野椀とはくず粉、または片栗粉でとろみをつけた汁物をいい、くずの名産地吉野に由来している。椀種を盛りつけた上に、乗せるあしらいを、天盛りという。桜鯛の天盛りには、独鈷の短冊切りが、色といい、味といいぴったりである。なお本来独鈷は「独活」と書く。

桜鯛嵐のやうに下戸は喰ひ　　新五百下・48

下戸とは、酒を呑まない人のことをいい、酒を呑まないわりに、よく食べる。ここでは出された桜鯛を、まるで嵐のような勢いで食べている。嵐の後は、何も残らない。

●タイの調理法

種々の調理法が行われているが、部位に分けて見ると次のようになる。

・身

さしみ、焼き物、煮物、蒸し物。

・頭と中骨

かぶと煮、あら煮、かぶと焼き、骨蒸し、うしお汁。

・しらこ

しらこの白味噌椀。

・小鯛一尾

焼き物、蒸し物。

鯨　クジラ

『本朝食鑑』には、「海中の大魚で鯨より大きいものはなく……」とある。哺乳類の中でも一番大きいものがクジラであるが、江戸時代には、魚と思われていた。そのクジラを食べたのも、世界的に見ても日本人は、早い方だといわれている。クジラは江戸時代の食生活に登場するし、浮世絵にも描かれている。

クジラを捕える雄大な姿を、勇ましく感じたことから、イサナ（勇魚）ともよんでいた。蕪村に「菜の花やイサナは寄らず海暮れぬ」とクジラをイサナとよんでいるが、同じ蕪村が「弥陀仏や鯨よる浦に立玉ふ」と、鯨ともよんでいる。句によって使い分けていたのであろう。

クジラの脂には、特有の匂いがあり、食用としてはあまり好まれなかった。句に出てくる鯨汁は、クジラの尾羽肉をざるに並べて上から熱い湯をかけて作った。霜降（さらし鯨）にごぼうやねぎととり合せて味噌汁仕立てにした。

くじら汁四五日なべのやかましさ　**七・29**

生臭いのが嫌いな女房が、鯨汁を煮た鍋にべっとり脂肪がくっついて容易に落ちないと文句を言っている句。

くじら汁わんを重ねてしかられる　**一一・38**

鯨汁を盛った椀は、重ねないよう注意する必要がある。重ねると他の椀に脂肪がくっつき外側まで臭いが移ってしまい、それを落すのはやっかいで二重、三重の手間となるために、女房は目をとがらせて、怒ったであろう。

鯨鍋たわしをひとつすてる也　**筥四・12**

クジラを煮た鍋を洗ったたわしには、脂や臭《くさ》みがついてしまうので、その後は使わずに捨てた。当時は、この臭みを除くために、米ぬかや、ふるいにかけた灰（灰以外のものが含まれていると、器、特に塗物に傷がつく）を袋に入れて使っていた。それでも、完全に臭いを除くことはむずかしかった。それほど臭いをきらっていた、しかし鯨汁は、年末の「煤掃き」の時には必ず食べていた。この時に使うクジラは、塩漬であり、塩抜きをしてから鍋に入れる。江戸時代は、今と違い年中行事を非常に大切にしていた。川柳に出てくる「鯨汁」の句は、直接、間接に「煤掃き」の句と受け取ってよい。

●クジラの調理法

句にもあるように、汁物や鍋料理が多かった。

鮫　サメ

『本朝食鑑』に、「近頃駿豆海浜で阿伊鮫《あいさめ》が捕れる」とある。関東でいうサメのことを、関西では、フカといい、出雲地方では、ワニと呼んでいる。更に、江戸では、サメの大きくなったものをフカと呼び、西では、フカが大きくなると、サメと呼ぶ。このように、まったく逆の呼び名に変わる。このほかにも地方によって、いろいろな呼び名のある魚である。

生の鮫肉は、保存性が非常に悪く、捕ってから少し経つと、アンモニア臭がしてくる。それを避けるためには、常に新鮮なサメを用いることである。しかし出雲地方では、このアンモニア臭のついた「ワニ」を刺身として好んで食べる習慣が今でもある。

たゝく程鮫と仕置きは跡がよい　雲龍評明元・10 15

サメは、蒲鉾を作る原料である。なめらかで、口当りのよい蒲鉾を作るには、鮫肉を叩けば、叩くほどよい。「仕置」とは、当時、刑罰の一つに、「叩《たた》き」というのがあった。これは鞭《むち》で叩く体罰である。叩く回数が多いほど、叩かれた罪人の更生に役立つというのであろう。

鮫一つ買わぬ日は無し蒲鉾屋　一六二・10

蒲鉾はサメのほかタイ、ハモ、グチ、エソなど白身の魚が原料だが、特にサメが多いので、蒲鉾屋は毎日原料のサメを買いつける。

●サメの加工品

・ひれ

乾燥させたものは「ふかのひれ」といって中国料理の材料となる。

・肝臓

肝油をとり栄養剤とした。

・キャビア

ちょうざめの卵巣を塩漬けにしたものである。

鰯　イワシ

『本朝食鑑』によると、「鰯は和字であって、古来より音釈なしとされている。したがって鰯の字を論じてみれば、音を弱とするのは、水から出るとすぐさま死に、性は柔弱で餒敗《くさり》やすいからである」とある。『和漢三才図会』にも「鰆に似ていて小さく鱗がある。大きいもので三、四寸（一〇～一二センチ）」とある。

イワシは、昔から馴染深い魚であったが、下魚としてあつかわれていた。種類は、マイワシ、カタクチイワシ、ウルメイワシの三種類がある。それぞれ大きさによって、呼び名が変る魚でもある。しかし、出世魚とはいわれなかった。

マイワシは一般的で、体側に数個の斑点が並んでいる。数は七個のものが多い。そこで通称、ナナツボシと呼ぶわけだが、ウルメイワシとくらべると体が平たいので、ヒラゴ、ヒライワシなどとも呼ばれていた。

カタクチイワシは、下顎が上顎より小さく口が片方しかないように見えるので、片口と呼ばれている。

ウルメイワシは、円筒形で、眼が潤んでいるように見えるところから、ウルメと呼ばれていた。

三種のイワシとも、大きさで呼び名が変わる。白くまだ半透明の稚魚を「白子《しらす》」といい、体長が 六セン

図10　鰮（イワシ）網（『日本山海名物圖會』）

チ以下のものを「小鰯」または「鯷《ひしこ》」という。一〇センチ前後のものを「小羽《こば》」といい、一一〜一五センチのものを「中羽《ちゅうば》」といい、センチ以上を「大羽《おおば》」とよんでいる。

イワシは鰯という字を書くくらいであるから傷みやすい。イワシの腐りやすい理由の一つに、不飽和脂肪酸を多く含んでいることがあげられる。生のマイワシ一〇〇グラム中の脂質は一三・九％で、不飽和脂肪酸は七・三九％と多い。腐ってもタイといわれている真鯛の脂質は少なく五・八％で、不飽和脂肪酸は、二・七％と、マイワシの二分の一以下である。

御内儀の手をおんのけるいわし売り　三・2

鰯は字の通り傷みやすい魚であり、手をふれると、鮮度が落ちる。うっかり、お内義が手をふれようとすると、鰯売りはさっと払いのけるようにしたのであろう。

せっぷくは人には見せぬいわし売り　明八仁5

イワシは鮮度が落ちると、腹が裂けて内蔵が出てしまう。これを「切腹《せっぷく》」と呼んでいた。鰯売りは、腹の裂けたイワシを、客には決して、見せないで処分した。

鰯には刃物につかう指の先　糸口上98

通常料理における刃物とは包丁を指すが、身が柔らかく、まだ小さいサイズのイワシを、無理に包丁でさばいても、無駄が多く出てしまう。手早く下ごしらえする時は、手開きの方が早く簡単で、まな板も使わないですむ。

芝浦へ目ざしほど着くいわし船　16

芝浦にあった魚河岸へ、鰯船が目刺しのように並んで着くありさまを詠んだもの。捕れたらすぐ運び込むので、船が連なっていたのであろう。

●イワシの調理法

貝原益軒は『日本釈名』（元禄十三年・一七〇〇）で、「鰯はいやし也。魚の賤《いやし》き者也」といったように、イワシを下賤《げせん》のものとする観念は古くから日本人の中にあった。しかし、室町期ころから宮廷でも食べていたもので、「むらさき」「おむら」という女房詞はアユ「アイ」にもまさる意によるものであった。

再び『本朝食鑑』を見ると、「鰯の鮮魚《なま》は、膾《なます》にしたり、炙《いりもの》にしたりする。醃《しおづけ》は炙って食う。またどちらとも、好い醋（酢）を醤に加えて煮て食べるのも佳《よ》い。その味は頭にあって、諺に「鰯の頭は鯛の味」というのがそれである。あるいは、甘塩《あましお》にしたものや、粕漬にしたもの、塩麹漬にしたものがあり、塩麹漬は黒漬ともいう。乾したものは昔から下品とされる。大概《だいたい》民間の食とされ、官家ではあまり食べないのは、その鯹臭《なまぐさみ》を忌《いと》うてである」とある。

●イワシの加工品

・摘入（ツミイレ）

魚のすり身に、卵や小麦粉をつなぎにしてこね合せ、少しずつ摘み取って、まるめて茹でたもので、つみいれかまぼこの略で、ツミレとも呼んだ。『江戸料理集』（延宝二年・一六七四）には、摘み取り方まで記してある。イワシを材料にして、小骨ごとすり身にしてつくり、おでん種や汁の実に利用する。

・白子干《しらすぼ》し

白子をそのまま、あるいは塩水で茹て干したものを白子干しとも白子ともいう。茹ると白っぽくなる。ちりめん、ちりめんじゃこ、縮緬雑魚（チリメンザコ）などとも呼ぶ。ちりめんざこの呼び名は古く安永五年（一七七六）の『新撰献立部類集』にある。これらを紙状にすいて干したものを「たたみいわし」という。いずれも白く干し上ったものがよく、大根おろしと良く合う。

急な客ちりめんざこへ海苔を入　　**傍五・9**

急に尋ねてくれた人に、手元にある「ちりめんじゃこ」にもみ海苔をふりかけて、酒の肴とした。両者とも保存性食品なので、このようにして利用したものと思われる。

・煮干し

カタクチイワシをさっと塩茹《しおゆで》にして干したもので、味噌汁の出汁として使う。大きいものは、内蔵を除くが、小さめのものはそのまま使う。

・鱓《ゴマメ》（古女）・田作り

小形のカタクチイワシの乾製品。小イワシをそのまま干したものをいう。正月の祝い肴の一つとして用いられている。「あめ煮」にして用いることが多い。

ゴマメは「御マメ」という、めでたい意味と、マメ「健康でよく働けるように」とか「マメに働く」などから使われている。タヅクリは、田作りと書き、稲が良く成長して「お米がたくさん取れますように」という願いと、田の肥料にもしたので、この名がある。

お節からごまめ大根のと丶まじり **五九・9**

正月料理のことをお節料理という。お正月料理の一つに「鱓《ごまめ》のあめ煮」とか「てりごまめ」というのがあるが、大根と一緒に煮たのでは、大根の煮物に魚が入っているようであまり感心ない（出し汁として使ったように思われる）。ブリ大根のようにブリと大根を大切りにしたものなら、同じ「と丶」（魚）でも立派な料理である。「鱓の魚交り《とゝまじり》」で分不相応にまじっていることをいう

抱き付いたま丶で売られるてりごまめ **新一九・7**

「てりごまめ」とは、炒ったゴマメを砂糖、ハチミツ、醤油を合せて加熱し、あめ状にしてからめたものをいう。あめ煮ともいう。熱いうちに、一尾ずつはなすようにして冷ますとよいが、そのまま冷すと二三尾くっついたままになる。この「抱き付いたま丶で」、かたまりで売っているのである。無理に一尾ずつにしようとすると、頭がとれたり、尾がちぎれたりするので、その時は、少し熱を加え一尾ずつにして冷ますとよい。

ごまめうり猫に一疋けいはくし　明元仁・3（一七六四）

「けいはく」は、軽薄と書き「お世辞、おべっか」の意である。ゴマメのにおいで猫が近寄って来た。お得意さんの飼っている猫であることに気づいたゴマメ売りが、一疋「ほら食べな」と猫に愛想を言っているところ。野良猫なら追い払うのであろう。

・目刺し・頬刺し

目に串を刺すのでこの名があり、目刺しより少し大きくなったイワシは、頬の所に串を刺すので、頬刺し《ほおざ》と呼んでいる。小羽や中羽の小さいものが適している。

目差しをくんなと献残屋へ馬鹿　新二五・12

「献残屋《けんざんや》」とは『守貞謾稿』に「諸武家献備及各互の音物、或は市民より献進の諸物、その余残を売るを本とするの名なれども、今は献備の諸品は実用に用いず、この費に売り下すなり。これを買ひて献進再用する物はなはだ多く、あるいは私用・他用にすることなり」とある。「献残屋」で扱っている品物は、食べ物では熨斗鮑《のしあわび》、干貝、唐墨《からすみ》などで干したもの、しかも高級の品物である。一方「目差し」は、庶民的な廉価な魚だから扱っていないのに、それを買いに行くとは、まあなんと馬鹿な人。

咽から襟へ竹鑓を目ざしうけ　一五六・7

この「目ざし」は、少し大きくなったイワシを目刺しにしている。目より少し下の「咽から襟」にかけて、竹串よりも少ししっかりした「竹棒」を刺して干したものである。

・丸干し

小羽、中羽の加工品で、イワシに塩をしてそのまま乾したものをいう。

けちな歳暮はひしこの干物也　藐・3

年の暮れには、お頭付き《かしらつき》といって、塩鯛、塩鮭、塩鯖、塩鰤などの頭のついた一尾そのままを歳暮に使ったものである。それができないので、鯷《ひしこ》（ヒシコイワシ）の干物を代わりに使った。

・開き干し

大羽の背または腹を開いて干したもの、魚の名をつけて「鰯のひらき」という。

・味醂干し

イワシ・アジ・フグ・キスなどを開き、味醂、醬油、砂糖などをまぜた液につけてから、乾燥させたものを云う。あまり日持ちはしない。

・塩汁（ショッツル）

イワシ・ハタハタなどを生のまま瓶などに入れ、塩漬けして、発酵・熟成したものから浸み出した上澄《うわず》みを濾したもの。秋田名物のしょっつる鍋・ハタハタ鍋の味つけとして使う。

鮪 マグロ

『本朝食鑑』によると、「江海の各処にいる。就中《とりわけ》西北の海浜で多く獲れる」とある。マグロはイワシと同様に、魚の格付では下魚とされていた。『守貞謾稿』には、「さつまいも、かぼちゃ、まぐろなどは、はなはだ下品にて、庶民も、表店住まいひ者は食することは恥づる体なり」という記載がある。

天保年間（一八三〇～四四）に潮流の関係で、マグロの大群が江戸近海にあらわれ、大量に水揚げされた。豊漁なのだが、人気がないため値段はあってないようなものであったという。ある寿司屋が安く仕入れて、赤身の部分を醤油漬けにして、鮨に握ったのが大当りしたという。現在もある「づけ」である。当時、トロは脂肪が多く傷みも早いので見向きもされていなかった。現在の人気は、冷凍技術の発達と、冷蔵庫の普及で、長期保存が可能になったためである。

図11　鮪漁（『日本山海名産圖會』）

マグロを好まなかったもう一つの理由は、マグロを「しび」とも呼ぶため人の死と重ねた。

江戸の道肉林になるまぐろ魚　一二六・56

ここでいう「江戸の道」とは、魚河岸の通りのことをいう。そこに、大量のマグロが転っている様子である。それがまるで、マグロの林のように見える。本来の肉林とは、満漢全席のような、豪華な料理をいうが、そこに、下魚のマグロだけが、たくさんあっても、イメージダウンである。

こちとらはねぎにまぐろのげびす講　宝九義

えびす講とは、恵比寿様を飾り商売繁昌を願った商人のお祝いである。恵比寿様の前に鯛などを供え、ごちそうを食べ、お酒を飲んで祝ったのである。この句はそんな景気のよい祝いではなく、下魚といわれている鮪にネギを入れた（今でいうネギマ）鍋で祝っている。あまり景気のよくない商人である。そんな人たちのえびす講なので、げびす講としゃれていったのであろう。「げびる」は「下卑る」と書き「下品な」ことをいう。

●マグロの調理法

あまり種類はなく、汁物、ねぎま鍋、「づけ」にして鮨。足が早いので、江戸時代は利用店が少なく、下魚として扱われていた。特にトロの部分は傷みが早いので嫌われていた。

●マグロの加工品

・醤油漬け

マグロを切身又はうす切りにして、醤油に漬けおき、すし種にする。いわゆる「づけ」である。現在も使っている。

・かす漬け・みそ漬け

かす（酒糟）や味噌に漬けておいたもので、焼いて食べる。寛政七年（一七九五）の『譚海』に「魚肉を味噌に漬けるは、紙につつみ漬けるよし。味噌漬久しく成ても、塩気よきほどにてある也」とある。魚に味噌がつかないので、使い勝手がよいから、現在も紙やガーゼなどが使われている。

鮟鱇　アンコウ

『本朝食鑑』に「江東《かんとう》に多く、就中《とりわけ》駿州（駿河）・豆州（伊豆）・相州（相模）・総州（上総・下総）に最も多い。冬の初めから春の末に至るまで獲れるが、夏秋は姿を見せない」とある。

アンコウは、見た目にはグロテスクな姿態であるが、この魚の皮肉・髭骨・腸胆《はらわた》はみな食べられる。腸胆は黄色く味は最もよい。

調理する方法は、吊し切りと呼び、縄につけた鉤で魚の下唇を貫いて下げ、口から胃に水を入れて安定させる。身が非常に柔らかく、まな板の上ではおろせないうえに、かなり大型の魚なので、少々大きい位のまな板では、無理である。そこで、吊し切りが考え出されたものと思われる。まず皮を取り、腹を開いて内蔵を出す。皮をはじめとして、肝臓（キモ）、尾ビレ（トモ）、えら（ヌノ）、胃（水袋）、ほほ肉（やなぎ肉）、内（布）などに分けられる。残るのは固い口唇のみで、他は全部利用する。

「アンコウの餌待ち」とは、動作はにぶいが、頭上の触手状の長い背ビレを動かして、近よってくる魚を海水と共に飲み込む動作からきている。なんでも食べる。また、ぼんやりと口を開いている人のことを、「アンコウ面」とか、「アンコウの餌待ち」とかいった。

あんこうはまな板へのる魚でなし　安七・松4

アンコウは、ぐにゃぐにゃしている大きい魚なので、まな板の上に置いて切るのは、むずかしい。そこで、前述のような「鮟鱇の吊し切り」という特有の切り方をしたものである。

大ぜいに見せてあんこう喰ふさかな　安九・松2

魚屋で、吊し切りで解体するのだが、それが人を呼びこむ一つの方法ともなったのであろう。普通の魚では、そんなことはしないので、見世物のように扱われていた。

あんこうはくちびるばかりのこる也　天二・3 27

これも、アンコウの「吊し切り」の様子で、下唇を鉤に吊すため、最後は、口唇だけが残ることになる。この口唇も、鉤からはずし、骨のみ残し、やわらかい部分は、食べることができる。

●アンコウの調理法

アンコウの美味が認められたのは、江戸時代に入ってからのことで、『料理物語』に初めて鍋物料理として記載されている。『古今料理集』には、「上魚賞翫也」とあり、身分の高い人にも供しうるごちそうだとしている。『本朝食鑑』でも、胆肝がとくにうまいと述べている。

・鮟鱇鍋

アンコウの切り身、その他すべてと、野菜や豆腐を添え、醬油、味醂、水を一対一対八程度の割合に合せた割下で煮る。

・ちり鍋風の水煮

今のポンズ醬油で食べる。鍋料理が主体である。

●アンコウの加工品

・あん肝のとも酢あえ

アンコウの肝に塩をして、簀《す》で巻き、一時間程蒸してから冷水にさらす。薄切りにしてワサビ醬油で食する。

鰺　アジ

『本朝食鑑』に「凡そ春の末から秋の末にかけて多く採れ、就中《とりわけ》その長さが六・七寸に過ぎず円肥なものは、味わいが甚だ香美で、最も炙食に宣《よ》い。（中略）中脹《なかふくらみ》といって、上下倶《とも》にこれを賞美している。これは江都の珎である。漁浦では常に采《と》って腊鯗《ほしうお》とするが、これもやはり好いものである。冬・春の際《ころ》は、魚が瘠《や》せて味はよくないので、専ら乾曝して民間用とする」とある。

アジの特徴は、鱗がほとんどない。魚体のほぼ中央に、ゼンゴまたはゼイゴとも呼ばれているものがある。ギザギザの形をした一本の鱗状のものであり、左右ともある。これを「楯状鱗《たてじょううろこ》」という。これがあるので、アジなのだとすぐわかる。

夕鰺に暑さ忘る丶門涼　　ケイ三・9

「夕鰺」とは、押送り舟によって入荷されたものを、夕暮れ時、声をあげて触れ回りながら売り歩いたからで、日中の暑さを忘れさせるような夕方、暮六ツ（午後六時頃）夕涼みでもしようか、という句である。押送り舟とは、生魚を主に魚河岸に運送した快速舟で、江戸近郊の漁村のほか、伊豆、房総などからも、多くがこの船を使って魚を江戸に運んでいた。

夕暮の暑さ忘る丶鰺の声　　種卸四・16

夕方うす暗くなると、毎日鰺売りの声がし、時間を知ることができた。時計の代わりになるほど正確で、その声を聞くと、今夜はアジをどう料理しようかなどと考え、一時暑さを忘れさせてくれる。

夕鰺を呼に出る間に見失い　ケイ八下・5

夕鰺売りの声がしたので、家の中から「鰺屋さん！」と呼びながら、急いで出たのだが、もう姿は見えなかった。なま物だから、鰺売りの足は意外と速い。

鰺の声日も精進もおちる頃　三・2

この鰺売りも、夕鰺売りである。故人の命日で精進していても、売り声が聞こえるころは、日も落ちて、精進明けとなり、おおっぴらに、アジで一杯となる。

●アジの調理法

料理としては、味にくせがないので、たたき、刺身、しんじょ、すり流し、塩焼き、煮物、酢の物、揚げ物（天ぷら、から揚げ）など。

・マアジ

手軽な材料として用途が広く、塩焼き、煮付け、すり流し、蒸し物、しんじょなど。

・小アジ

天ぷら、酢の物。

・シマアジ

鮨だねなど。

●アジの加工品

・丸干し

そのまま干したもの。

・開き干し

背開き、又は、腹開きにして干したもの。

・味醂干し

開いて、味醂につけてから干したもの。

・クサヤ（島干物）

ムロアジ等で作った干物。腹開きにして、内蔵を除いて独特の漬汁（クサヤ汁）に漬けてから日干しにする。これをくり返し乾干し上げたものをクサヤと呼ぶ。クサヤ汁は、濃い塩汁にムロアジの内蔵を入れ熟成させたもので、長年にわたり液を繰り返し使っている間に、魚のタンパク質やエキスが溶け出し、発酵したもので、独特の強い臭気と旨味が出来上がる。樽に保存し、少なくなれば、塩水を補充する。伊豆諸島の八丈島や新島の品が特に知られている。そこで多く生産されているので、島干物と呼ばれている。塩の少なかった時代に工夫されたものである。

焼いて食べるが、その時、クサヤ特有の臭いが出るので、家の外で焼いた。この臭いを好む人と、好まない人がはっきり分かれる。酒の肴や、お茶漬けなどで喰べる。

鰈・鮃　カレイ・ヒラメ

『本朝食鑑』に「鰈と比目《ひらめ》とは、もともと同類である。今我が国ではこの二つを弁別しており、気味・形色の異《ちがい》がある」とある。

カレイ・ヒラメは底魚の代表的な魚で、浮き魚のように南北に移動しない地つきの魚が多く、産卵・成長という生活に応じて、浅海と深海との間を移動するが、回遊することはあまりない。日本全国に分布しているがそれぞれの味がある。大分県の別府湾のマコガレイは、城下《しろした》ガレイと呼ばれ美味である。

日の入りに出る夕河岸の星鰈《ほしがれい》　一三〇・7

ホシガレイとは、えんがわと尾びれの、表裏両面に、ちいさな斑点《はんてん》があるカレイのことをいい、夕方の魚河岸で、売買されるカレイである。日と星の縁語仕立てになっている。

縁側がい、と月見の星鰈　一六二・18

月見は縁側から眺めるのが、一番よいのは分かっている。ホシガレイも「えんがわ」が一番おいしい所といわれている。それは、上下のひれのつけ根に並んでいる骨で、担鰭骨《たんきこつ》といい、その間にはさまった柱状の肉をいう。刺身か、焼いて食べるとおいしい。カレイの旬は寒くなってから なので、月見の頃にはまだ早い。本句の星鰈は、昨年取れた星鰈を干したものだろうか。月と星は縁語である。

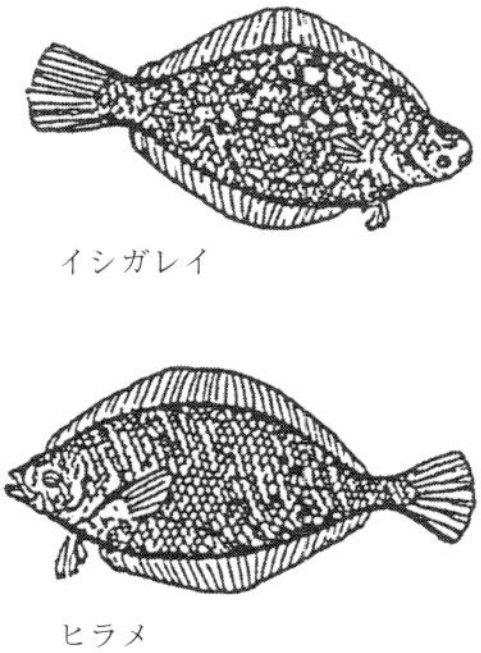

図12　ヒラメとカレイ

ヒラメは北海道から九州沿岸まで、日本各地に分布している。夜行性で、昼間は海底に褐色の方を上にして砂にもぐっている。保護色で、体色をまわりの色に合わせて変えることができる。かなりの貪欲で「海のギャング」とも呼ばれている。

ヒラメ類とカレイ類の区別については、俗に「左ヒラメの右カレイ」などという〈図12〉。

尾を自分の方へ向け、背ビレ（分かれていない方のヒレ）を上にしてたてたとき、眼のあるのが左側ならばヒラメ、右側ならカレイという見分け方である。しかし例外もあるので、口の大きさで区別する。一般にヒラメは大きな口をしていて、カレイは小さい。

産卵は南日本で一～三月、北日本で四～六月頃で、その頃に浅海に集まって来るので、多くとれるが味のよいのは秋～冬である。特に冬期は「寒鮃」という言葉があるくらいで、身がしまって味にこくがあり、ヒラメはタイに次いで上等なものとされていた。しかし種類によっては産卵のすんだ春や夏は味がおちるので、江戸の庶民は「三月鮃は犬も食わぬ」とか「夏鮃は猫も食わない」といった。

花戻り平目のあらでめしを喰い　　明五・宮1

「花戻り」は、花見帰りをいう。花見弁当に調理したヒラメの残りで、亭主にこれでどうぞと出した。時間がないので手近なもので夕食をすませたのだろう。

ひらめをなめさせて肴屋寄りつかず　二七・6

古いヒラメを買わされて中毒をおこした。魚屋に文句を言ったら、以後その魚屋が寄りつかなくなった。

うまくないひらめは百の一里ぬけ　四九・37

江戸時代、銚子産のヒラメは味が悪い下等品とされていた。「百の一里ぬけ」とはすなわち「九十九里」。九十九里浜は銚子の南に続く浜である。

智恵のなさ四月ひらめのさしみ也　五二・7

ヒラメの旬は、冬の寒い時である。暖かくなってからのヒラメの刺身は知恵がない。ここでも「三月ヒラメは犬も食わぬ」ということであろう。よく「六日の菖蒲《あやめ》、十日の菊」というが、それをはるかに上回る時期遅れであろう。

●カレイ・ヒラメの調理法

・小型のものは、姿煮やから揚げ。
・筒切りにして、煮物。
・えんがわ（担鰭骨《たんきこつ》）は、刺身、または水で濡らした紙や竹の皮で包んで焼き物にもする。

●カレイの加工品

・蒸鰈《むしがれい》

『本朝食鑑』に「両越および若州で産する。就中《とりわけ》越前のものが上である。近ごろ江都《えど》の魚市場にもあり、あるいは各家でも製造しているが、越州の産には及ばない。越州の産は味も最も美い。その法は、子の多い生鮮な鰈を塩水で蒸すのである。半熟にして取り出し、陰に数日間乾す。これが蒸鰈である」とある。カレイを、陰干しすることにより、身がしまり、日持ちも、骨ばなれもよく、食味もよくなるし、味も楽しめる。食べた後の骨は、こんがり焼くと香ばしく食べることができる。

むしがれい下戸唐櫛にしてしまい　**一〇五・24**

「蒸鰈」を食べ終った骨の形が、唐櫛《とうぐし》と呼ばれた「両歯《りょうば》」に似ている。お酒を飲まない下戸は、身を少しも残さず、きれいに食べるのでまるで唐櫛のようだ。

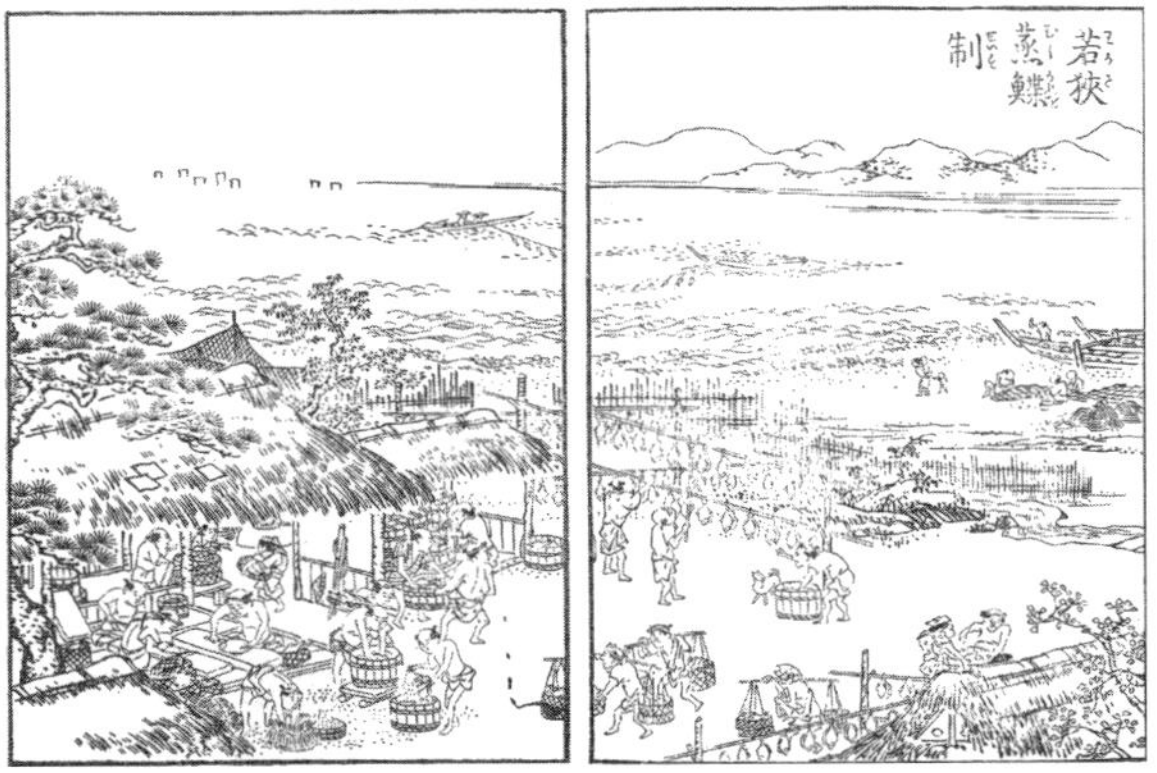

図13　若狭での蒸鰈作り（『日本山海名産圖會』）

足袋の底ほど掛けて干すむし鰈　**一二三別・7**

蒸鰈は表と裏の色が違い、表は褐色で、裏は白である。本句の「足袋」も白足袋（全部が白い）

のほかに、色足袋といって、底は白く上（表）は紺や臙脂《えんじ》色をしているものがある。本来足袋は、防寒用として使用するが、カレイも「寒鰈」というほどで、冬の食べ物である。そんな共通点を持つ両者が「干す」形まで似ているという句。

蒸しがれい焼くは帆とよれ舟と反り 新三九・18

蒸鰈を焼いているところを詠んだ句。薄くてよく乾したカレイは、スルメほどではないが、焼くときに、多少はゆがんだり、そり返ったりする。それを海に関する縁語である船にたとえ、「帆とよれ」たり、「舟と反り」のように、反ったりと面白く表現した。

鰶・秋刀魚　サンマ

サンマの回遊は、餌を求めて北上南下し季節的な移動をする「索餌《さくじ》回遊魚」であるといえる。サンマは北太平洋に広く分布しているが、日本近海のサンマは北西太平洋系群と日本海系群に分かれていて、それぞれの群れが異なった回遊のコースをたどっている。一般にいわれる「秋刀魚」は、北西太平洋系群のサンマで、日本海系群のサンマは味が落ちるといわれ、あまり漁獲対象となっていない。

北西太平洋系群のサンマは、春になると黒潮に乗って北上し、夏には北海道から中部千島近海に至る。ここで十分摂餌して脂肪を蓄え、秋になると南下回遊を始めるので、北海道の南岸から三陸沖が一大漁場となっている。

秋のサンマは栄養価が高く、元気がでるので「さんまが出ると、あんまが引っこむ」「さんまが出ると、医者が青くなる」というような諺が生まれた。

江戸時代の魚河岸では、「鰶」と書いてサンマと呼んでいたこともある。当時、秋になると九十九里浜でサンマが水揚げされ、それを一塩漬けにして、一昼夜かけて日本橋の魚河岸に運ばれ、魚河岸一帯がお祭りさわぎになった。また、このサンマが町に出回ると、他の魚は売れゆきがにぶり、値が下がった。このことを「さんま騒がせ」と呼び、「鰶」という字をサンマに用いた。現在はこの字を用いる魚は次ぎに紹介する「コノシロ」である。

サンマは油をとって「燈油」とするか、塩物にして産地で食べられていた。サンマが広く食べられるようになったのは安永年間（一七七二〜八一）以降で、『梅翁随筆』に

「あま塩のさんまといふ魚、明和（一七六四〜七二）の頃までは沢山にうらず。しかるに安永改元のころ、安くて長きはさんまなりと壁書せしが、その頃より大いに流行出《はやり》して、下々の者好みてくらふ事と成りたり。寛政（一七八九〜一八〇一）にいたりて、中人以上にも好く人有ごとく成りたり。このころでは下賤の食物として、御旗本の家にてはくはぬ人多し。是も後々は屋敷間へも出べし。」

とあり、また『続飛鳥川』にも「塩魚にて、鰶は下魚にて、食する者なし。下々にては寛政の頃より追々食料となり、客にも遣ふ様になり価も高くなる」とあって、身分の高い人々は食べていなかったようである。

サンマは栄養価が高いことは、当時でも知られていたようで、川柳では搗米屋が食べている様子のものがある。当時米を搗くのは重労働で、エネルギーの補給に最高であったものと思われる。

あをむいてつきやさんまをぶつりくい　**明八・信4**

「つきや」とは搗米屋のこと。玄米を白米に仕上げる職業で、江戸時代は、各家で「つきや」をたのみ、家の前などで搗いていた。昼食であろう、長いサンマをそのまま箸で持ち上げ、上を向いて丸ごと口に入れた。サンマは安かったので、庶民の間ではよく食べられていた。

あま塩のへびをつきやへ二疋つけ　**安八松5**

ヘビとあるのは、サンマのこと。軽く塩した二尾をつきやにおかずとして出した。

つきやむしや〳〵あま塩の九寸五分　**天五智5**

九寸五分（約三〇センチ）の長さのサンマのこと。

以上の句は、いずれも搗米屋が、サンマを食べているところである。

まて火箸わたしてさんま焼てくひ　**一〇二・13**

「まて火箸」は、サンマをすぐに裏返すと、ぐずぐずになってしまうので、半身がしっかり焼けるまで「待てしばし」と掛けた語呂合わせ。諺に「魚の一返し、餅の千返し」というのがある。

●サンマの調理法

・塩焼き

サンマはひと塩にして塩焼にするのが一番である。炭火で直火で焼くのが最もよいが、現在は不可能に近い。

・煮物

生姜をきかせ、砂糖と醬油で味をつける。

・鮨

新鮮なものを開いて、塩と酢でしめ、押し鮨にした。

●サンマの加工品

・丸干し

そのまま塩をして天日で干す。

・開き

開いたものの干物で開きという。または開き干しともいう。

・味醂干し

開いて、味醂醬油で味をつけて干したもの。

・サンマ節

干して鰹節のように削って食べたり、出し汁を取るのに使った。

鮗・鰶

コノシロ

『本朝食鑑』に「江都《えど》では小さいものを小鮀《こはだ》というが、京師では麻宇加利《まうかり》といい、鰣童と書く」とある。

コノシロは、ニシン科の魚で、成長段階で呼び名が変わる出世魚の一つである。江都《えど》ではシンコ→コハダ（小鰭）→コノシロ（鰶）と、名称が変化するが、地方によって異なる。小さいうちのシンコ、コハダは、握り鮨の材料となる。

コノシロは、焼くと死臭がするというので好まれなかった。武家は「この城を焼く」に通じるということで、あまり食べなかったが、コハダの鮨となると喜んで食べたという。

コノシロは昔、初午《はつうま》の稲荷祭に供えたというが、コノシロを神饌《しんせん》としたのは、狐がこの魚を好んだということからであろう。

「鮗の昆布巻」という言葉が江戸時代に使われていたが、これは見かけばかりはよくて、味が劣ることから、見掛け倒しの喩えに用いられていたらしい。

このしろは初午ぎりの台に乗　初・12

コノシロは骨の多い下魚で、また不吉な魚とされていることから、タイのように台に乗せて進物にすることなど普段はないが、初午の日だけは、白木の折敷《おしき》に乗せられて、稲荷大明神の前に供えられる。これは前述のように狐がコノシロを好んだことにちなんでいる。折敷は、四方に折りまわした縁をつけたへぎ製の角盆で、神饌を乗せるのに用いる。

このしろの鏡にうつるにぎやかさ　五・40

二月の初午は、お稲荷様の祭りの最大なもので、各地の稲荷で、参詣客が多かった。三方に飾られたコノシロを供え、それが神鏡に写るし、子供たちが太鼓を叩いているのでにぎやかであった。

このしろは肩でもふけるさかな也　六・39

コノシロの売り方の句で、コノシロを浅箱に入れて、肩に担いで売り歩くので、肩で儲ける魚というわけである。

やきたてのこはだつきやへちそう也　七・7

小鰭は、生を酢締めにして鮨にするのが一番おいしいが、焼いても食べた。値段が手頃になったちょっと鮮度の落ちたものでも、普段あまり魚を食べていない搗米屋にとっては、大変なごちそうであった。

コハダを読んだ川柳には

大肌をぬいで小はだをいせや買ひ　一〇〇・128

伊勢屋は、しまり屋で有名。そんなに高いものではない小鰭を買うのにも、大肌脱いで、大変な思いで買ったというだけの句。大肌とコハダの対比。

●コノシロの調理法

焼き物が一番であるが、焼くと臭《にお》いが強かったので、三枚におろして鍋焼きにした。酢の物では、粟漬といって、塩をしてから粟と酢を合せたものに漬け込んでおき、新年のおせち料理とした。小骨が多いので、骨切りをして用いた。

鰆　サワラ

『本朝食鑑』に「佐波羅《さわら》と訓《よ》む」とあり、また「江海の各処で采《と》れる」とある。さらに「江都の芝浜、相州の鎌倉の漁俗で若菜子《わかなご》と呼んでいるものはこれであると言うが、未だ詳らかにしない。鰆の大きい物は、沖鰆《おきさわら》という」とある。

サワラは、関東では、秋の魚とする。冬から春にかけたものを、「寒サワラ」と称し珍重した。身が締まっておいしい。関西では、春をつげる魚といわれている。

白身で、身離れもよく、いろいろな料理に向く。代表的なものに西京漬がある。

楽天かかへるさわらの船か出る　**天二・宮2**

楽天は、唐の詩人白楽天のことで、楽天が日本の知恵を測ろうとして筑紫の海上で、老漁夫と出会い、その時、楽天が詩を作ると老漁夫がすぐに和歌に詠み替えるなどして楽天を驚嘆させた。

この漁夫は住吉大神の化身であった。また、神風で楽天の船を唐土へ吹き返してしまったとか。この句には、川柳高弟の雨譚の註があり、それには「海あれるとさはら大漁なり」とある。

●サワラの調理法

サワラは身がやわらかいので、乱暴に扱うと身割れしやすく注意が必要である。代表的な料理は西京漬の焼き物であるが、さしみ、蒸し物など、いろいろな料理に向いている。

鱸　スズキ

『本朝食鑑』に「小さいものを鮬《せいご》という」とある。いわゆる出世魚の一つである。セイゴ→フッコ→スズキとなる。淡水の流入する内湾や、河口近くに住み、川を遡ることもある。

『平家物語』巻一にある話で、平清盛が安芸守の時、伊勢国安濃津より船で熊野権現に参詣の際、大きなスズキが船中に躍り入った。清盛はこれを瑞兆と喜び、手ずから調理して家来たちにも食べさせたという。料理法としては、セイゴは酢味噌和えがよく、フッコ、スズキは洗いが一番である。

図14　流し網での鰆漁（『日本山海名産圖會』）

ずんごうの鱸に生姜のせて出し　**四〇・8**

古代中国の国「呉」は現在の江蘇省あたりを領していた。「ずんごう」とは、その江蘇省南部にある松江《ずんごう》のこと。この地産のスズキは長さが三尺もあり、世の名物であった。松江のスズキで作った料理には、生姜が合う。スズキの洗いにして、生姜の千切りを乗せて、さあどうぞ。

白くして出すは鱸の洗ひ張　**新二九・9**

スズキは洗いが一番おいしい。薄く切って上から大量の水で晒したものを洗いという。衣服の洗い張りは、着物をほどいて洗濯し、それを板張りか伸子張りにする。この句は、スズキの洗いと、着物の洗い張りを掛けたもので、いずれも大量の水を使う。

口を明き客を待てる生け鱸　**嘉四入船・33**

口をパクパクさせて、生簀で餌を待っているスズキの姿を、いかにも客に食べられるのを待っているようだと観察した句。

松江の鱸魚もいけすにおよぶまじ　**七三・14**

あの中国の名物「松江の鱸」も江戸の生簀の味には及ばないだろう。

鯔　ボラ

『本朝食鑑』には「伊勢鯉《いせごい》。名吉《みょうきち》。読んで字のごとし。腹便《はらぶと》。あるいは腹太」とあり、「伊勢鯉とは勢州の鳥羽の海浜で多く採れ、形・味は鯉に類しているからである。腹便とはこの魚の肚腹《はら》が円肥であるから」とある。ボラは成長するのにしたがって、呼び名が異なるため出世魚といわれた。地方によって呼び名は違うが、江戸ではオボコ→イナ→ボラ→トドと名前が変わる。

江戸日本橋の魚河岸にいた粋で義侠心のある若者達の髷が、イナの背のように平たくつぶしたような形だったので「いなせ髷」と呼ばれたらしい。

トドは産卵のために南方へ去り、以後は姿を見せないということから、「トドのつまり」という「おしまい」を意味することばが生まれた。秋から冬にかけて脂肪がのる。味は寒ボラがよいという。出世魚にあやかり、「お食い初め」の膳にのせられることも多い。

大阪市福島区の八坂神社では、毎年十二月十五日の夜中に行われる「御火焚き」の神事に、イナを使った「すし」と「なます」が神饌として用いられる。イナずしは「雀鮨」とも呼ばれた。『毛吹草』に「大阪福島の雀鮨」とある。また寛文六年（一六六六）の生白堂行風《こうふう》『古今夷曲集』には、新元の「数おほふ江鮒のうろこ福島の人は仕馴てよい雀鮨」や、「青たでもそへてはなさん羽なくて飛ぶほどうまき雀鮨とは」など、いずれも雀鮨を詠んでいる。

とゞは鯔つまり八何がなるだろふ　一一〇・31

この句は、言葉遊びの句で、「とどのつまり」をわざと、分解して「とど」と「つまり」とに分け、「ボラ」が大きくなると「トド」になるのだったら、何が大きくなると「つまり」になるのだろうか、という理屈をこねた句。

生け盛りの深田切身の朝日ぼら　柳若葉・13

生け盛りは、膾《なます》のことで、「朝日ぼら」は赤絵の皿に盛ったボラが、朝日に勇躍するように見えることから、この称がある。深田切身は、少々悪くなった切り身のこと。皿は料理の着物とは、このことか。

●ボラの調理法

生食すると下痢をするかもしれないといわれ、塩焼きや、煮付けにした。しかし、寒鯔は、刺身にするとよい。夏は洗いに作る。

●ボラの加工品

・唐墨《カラスミ》

『本朝食鑑』に、ボラの子（卵）で「勢州・土州の産は子が多いが、余州《よそ》の産は全く子がない。胞《ほう》のまま乾した子を、唐墨という。鰆の唐墨と同じであるが、色は黄赤色で、味は甘美であって、鰆の唐墨より勝れている。鯖の唐墨の色は紫黒色で、味は甘美とはいえ辣渋を覚える点で稍《やや》劣る」とある。

いつの頃からカラスミを作ってきたのか不明であるが、ボラを知らない人でも、カラスミと「トドのつまり」という言葉は知っている。カラスミは「唐墨」と書き、三、四月のボラの子を胞のまま乾したもので、形が唐の国の墨に似ている所から名づけられたという。ボラのすべてが子を持っているわけではない。特に江戸のものは、ほとんど子はないといわれている。

からすみは筆屋にあると知ったふり　七二・10

唐墨を食べ物だと知らない人が、唐墨とは何かと尋ねられた時に、「あっ唐墨、それは中国の墨だから、筆屋（今でいう文房具屋）にあるよ」と、知ったかぶりで言ってしまった。後で、さぞかし恥ずかしい思いをしたことであろう。

からすみを下戸もろこしのかき餅か　新三三・3

酒を飲まない人は、唐墨を珍味とは聞いていたが食べたことなかったので、初めて見た下戸の人は「これは中国のかき餅か」といぶかった。

鱈　タラ

鱈は、漢字でなく国字である。『本朝食鑑』にも、「鱈の字は、古書には未見の字である。我が国で製《つく》ったものである。然《けれ》ども意味に相協《かな》っている。曾《かつ》て鱈魚は冬月初雪の後になって必ず多く採れると聞いたことがある。それで雪という字に従ったのであろうか」とあるように、雪の降る頃が旬である。

また肉が雪のように白いからという説もある。口が大きいので、大口魚とも書く。マダラのことを単にタラということもある。

タラは捕ってから、時間と共に特有の臭いが出るので、漁場で捕れたてを食べるのが最もおいしい。タラの臭いはミオシンが不安定であり、これが分解して窒素化合物のアンモニアや、トリメチルアミンとなって臭いの原因となる。そこで、新鮮なうちに、塩漬けにしたり、開いて、寒中素干しにして保存する。すき身鱈と呼んだ。また、そのまま干したものを棒鱈と呼んだ。

また、タラは食欲旺盛であり、魚であれば大きい魚から小さい魚まで、何でも大量に食べる。餌になる魚が何もないと、共喰いもする。そこで、よく食べる人や、たくさん食べた時など、「タラフク喰う」とか「タラフク喰った」などという。

献上の鱈は江戸迄うつ、責め　九六・27

奥羽津軽藩から、将軍家へ毎年、十二月か一月に、塩鱈を献上するのが通例だった。そのとき塩鱈が傷まないように、藁でツト巻きにして送られた。この包装が、簀巻き（昔の刑罰の一種、簀で人間をくるんで、水中に投じた）とよく似ているので、刑罰の連想から、拷問の一種で昼夜とも一睡もさせず、朦朧とした状態で白状させた「うつつ責め」と結びつけて表現した句。

●タラの調理法

身がやわらかいので、昆布〆、かす汁、煮物、蒸し物、塩焼き、でんぶなどがある。

●タラの加工品

・干だら

塩をして乾したもの。

・棒だら

素干しにしたもの、いずれも寒に行う。棒だらの料理では「芋棒」は京都の名物料理である。かちかちに干し上げられた棒だらを、時間をかけてもどし、蝦芋《えびいも》と炊き合わせにしたものである。

・たらこ（鱈子）

主にスケトウダラ（介党鱈）の成熟卵（腹子）の塩漬け。赤いことから紅葉子《もみじこ》という。博多名物の「辛子明太子」は塩とトウガラシで漬けこんだもので、スケトウダラを朝鮮でメンタイ、ミンタイと呼ぶところからの名であるという。そのまま食べるか、焼いたり煮たりして酒の肴、飯の菜、和え物の衣などにする。

鯖　サバ

『本朝食鑑』に「鯖、あるいは青魚とも書く。色によってこう名づける」とあり、また、「凡そ生《なま》で用いることは佳《よ》くなく、多食すれば酔う（当たる）。しおづけにして食べると酔わない。このしおづけにしたものを、刺《さし》鯖という。気味は生魚より勝れている。それで、上下ともに刺鯖を賞味している。近時（江戸時代）、七月十五日（中元の祝として）には、生荷葉《はすのは》で強飯《こわいい》（白いもち米を蒸したもの）を包んで膳に盛る。また荷葉で刺鯖をくるんでこれに添える（中略）我が国の通俗の祝例であって、いつの時《ころ》から濫觴《はじま》ったものか識らない」とある。

「鯖の生きぐされ」といわれているように、非常に鮮度の落ちが速い（悪くなりやすい）魚である。サバには、ヒスチジンというアミノ酸が多く、これは細菌の持つ酵素によってヒスタミンになる。ヒスタミンは、人によって異るが、一定量以上（一〇〇グラムの中、五〇ミリグラム）取り込むと、じんましんなどのアレルギー症状を起こす人もいる。

生きているサバが腐っている道理はないが、生で食べると腹痛や下痢、じんましんなどを起こす人もある。そこで昔から漁師は、ピンピンしているサバでも、生で食べることは固くいましめていた。従って、料理をするに当っては、まず生きのよいサバを選ぶ必要がある。見分け方は、眼球が透明な青色、腹がしっかりしていて光沢のあるもの、臭いの少ないものであれば大丈夫である。必ず火を通すか、酢〆じめにすることが必要であった。『料理物語』には「沖なますや酢煎がよい」とある

諺に「秋鯖は嫁に喰わすな」というのがある。これには二つの説がある。その一つは、大変美味なので、

喰べさせるのはもったいないというのである。二つめは、サバは中毒を起こしやすいので、大切な嫁には、食べさせないという、心遣いから食べさせない。江戸時代には「鯖の中毒にきく薬はない」といわれていたのでなおさらであろう。

このように、相反する説があるが、嫁のいない所では一つめの説をとり、嫁に対するあてこすりをし、嫁の前では、二つめの説でこれ見よがしに嫁を大切にしている、というように使い使いわけていたのかもしれない。

かぐはなを呼んでゑんまは鯖を買ひ　拾三・32

「かぐはな」は嗅ぐ鼻で、本来は亡者の善悪を「嗅ぎ出す」閻魔大王の部下。閻魔様はサバの腐れを嗅ぐ鼻にチェックさせてから買った。

おもかけもかわらで夏のくされ鯖　一一八・17

サバは当りやすい魚で、見た目が変らなくても、けっこう傷んでいたりする。うっかりそんなサバを食べると当るので、夏場は特に注意しなさいよ、という句。「面影も変らで年のつもれかしたとへ命の限りありとも」（小野小町）の文句取り。

●サバの調理法

サバの料理には、いろいろあるが、主なものを挙げると、味噌煮、昆布〆、塩焼き、船場汁などである。味噌煮は、味噌がサバの臭みを消してくれる。昆布〆は、そのまま切っても食べるが、バッテラ寿司（棒寿司、姿寿司ともいう）に昔から作っていた。

京都名物の鯖鮨（バッテラ）は、若狭の浜でとれたばかりのものに塩をして運んだサバを、三枚におろして、ていねいに骨を除き、二〜三時間酢に漬けてから、棒状に握り固めた酢飯の上に乗せる。この上に白板昆布を張りつけることもある。これを竹の皮でしっかり包んで軽い重しをして、味をなじませ、適当に切り分けて食す。

塩焼きは、中まで火が通るまで、よく焼くことが必要である。船場汁は、塩鯖と大根を水で煮た汁である。塩サバのうまみと塩気のみの味で食べる。煮上った汁に酢を少量加えるのが船場汁の特徴で、大阪の郷土料理であったが、江戸でも食していた。安価で体のあたたまる、おたすけ汁である。

●サバの加工品

・干物

サバを開いて塩をして天日に干したもので、現在は文化干しと呼んでいる。

・味噌漬け

切り身にしたサバを、味噌に漬けたもの。表面に散っている少量の味噌はそのまま焼いてよい。

・〆鯖

三枚おろしにしたサバを強塩《ごうじお》といって表面が見えなくなるくらいにして二〜三時間置き、それを酢に漬ける。酢に漬ける時間は、料理によって異なる。すぐに食べるときは表面の色が変るくらいの短時間でよく、バッテラや後日食べる場合は長時間漬けるとよい。

細魚・針魚　サヨリ

『本朝食鑑』に「針魚《はりうお》。源順（『和名抄』）は波里呼《はりお》と訓んでいる。（中略）形は、幾須子《きすご》に似て、長く円い。大きいものは二・三寸、頭は小さく、眼は大きい。上喙《くち》は短く一寸ほどで、剣の頭のおゆに尖っており、下喙は長くて四・五寸あり、鉄針のように黒く、尖った頭は赤色を帯びる。上下の喙《くちさき》とも軟らかで、堅利ではない。鱗は極めて細く、淡蒼色、肉は潔白で氷のようであり、味は甘淡、愛すべきである。膾《なます》とすると尤も佳《よ》い。あるいは、炙《や》いて喰べるにも蒲鉾にも好い。京師・江都および各地の江海に多くいて、その類は一つである。惟《ただ》、沖細魚《おきさより》というものがある。春の末・夏の初めに獲れる。形は略《ほぼ》同じく、味が最も劣っている。脯《ほしうみ》として三摩《さんま》というが、その義《いみ》についてはなお詳らかでない。細魚《さより》の最も大きいものを漁家では、多津といっている」とある。

サヨリは、近海魚で、細長くスマートな魚で下あごが細く突き出て針のようなところから針魚の名がある。旬は、寒から、春先までである。産卵期に豊漁となり、淡水の河川にも入ってくる。この頃の大きいものを「かんぬき」と呼んでいる。閂と書く（閂が開かないようにするための横木のこと）。

かる〱と重き病にも鮒さより　**菊丈宝八・3 15**

病が重くなると、食欲がなくなってくる。フナやサヨリのような軽い白身の魚は、食べやすいので、何とか食べられる。栄養分もあるので快復に向う。魚から元気をもらって、病気が軽快して欲しい願望の句である。

腸《わた》をぬくさより袷にする積り　一一六・19

袷とは、単衣《ひとえ》の着物に裏地を付け、表裏二枚重ねたものをいう。サヨリは、細長い魚で、身は薄い。背開きにして、内蔵を取り出し水洗いした後、二枚合せにするが、両面皮になるように合せる。また〝合せ＝膾〟にするという説もある。サヨリの体形を生かした特殊な調理法である。

結び細魚は御守殿の帯のやう　一二五・32
博多織結び細魚《さより》の貝の口　別上・10

サヨリは、三枚におろして、結び細魚にしてから、さっと茹でて、椀種に使うことがある。前の句はその形を御殿女中の帯に見立て、後の句では、博多織の細帯を貝の口に結んだ形に似ていると見立てている。貝の口とは、男の角帯の結び方〈図15〉。

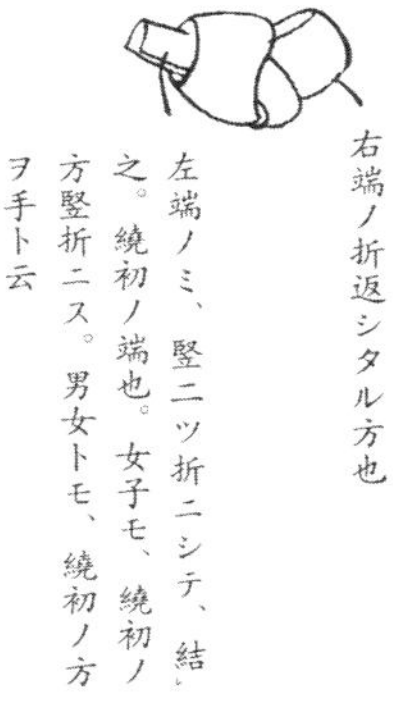
右端ノ折返シタル方也
左端ノミ、竪ニツ折ニシテ、結之。繞初ノ端也。女子モ、繞初ノ方竪折ニス。男女トモ、繞初ノ方ヲ手ト云

図15　貝の口
（『守貞謾稿図版集成』）

●サヨリの調理法

料理としては、煮物にはあまり利用しなかったらしい。細長い形を利用して、渦巻きにして「水玉細魚」、わらびの形の「わらび手細魚」など、美しい形にした。椀種には、「結び細魚」といって、各種の結び方がある。さしみにする時は、細作りにし、赤身のさしみと盛り合わせにするとよい。また、その細長さを利用して、腹開きにして中骨を除き、つめものをして二つ折りにして、楊子で止め、衣をつけて揚げたりもした。

すまし平結び細魚の雁四五羽　一六三・7

お清ましに平結びにしたサヨリを四五個入れた。

石持　イシモチ

『本朝食鑑』に「石首魚《いしもち》。石持と訓む。源順（『和名抄』）は、……頭中に石があるので、石首魚とも名づけるといっている。按ずるに江都《えど》の魚市では、小さいものを石持、中くらいのものを久知《くち》、大きいものを仁倍《にべ》という。石持とは、頭中に石があるのでそう呼ぶ」とある。

四季を通じて食べるが、夏が旬である。水分が多く、身はやわらかで、くせのない白身魚である。新鮮なものは刺身に、あるいは塩焼きにするが、その場合、塩をして三分以上置いてから調理するのがポイント。煮付けにもする。また、弾力が強く脂肪が少ないので、蒲鉾の材料としてもかかせない。

石持ちといへどもかるい肴なり　四九・6

石持ちという名前からは、ゴッツイ魚に思えるが、食べてみると、脂肪が少なく水分が多いので、どちらかといえば、やわらかくて、あっさりとした軽い魚である。

石持は内造作の付かぬ紋　新々三・17

イシモチには、えらの下に黒い丸がある。それを家紋に見立てている。紋で「内造作がない」ということは、丸があるだけでいわゆる家紋が描かれていないことをいう。呉服屋などで丸の入った衣類を予め用意しておき、急に入用になった時、短時間で家紋を入れるサービスをする。イシモチの特徴として、エラの下に黒い丸があるので、それを家紋の入っていない黒丸に見立てた句。

鱧　ハモ

『本朝食鑑』に「鱗がなく、黒色で、斑点花文があり、うなぎに頗る似ている」とある。暖海性の魚で、明石沖や瀬戸内海でよく捕れる西の魚で、関東以北ではほとんど捕れないため、江戸ではなじみが薄い魚である。関西ではタイに次いで、ハモをありがたがる傾向がある。タイが祝い事につきものなら、ハモは祭りに欠かせない魚であり、一にもハモ、二にもハモである。

毎年七月に行われる京都の祇園祭は、別名「鱧祭り」といわれるほど、祭りのごちそうはハモが主役であった。大阪の天神祭りも同じである。

照り焼き、鱧ずし、吸物（ボタンハモ）などに使うが、身に小骨がたくさんあるのでその骨切りが大変で「鱧は一寸（三三ミリ）を二十四に包丁する」といって、ほぼ一ミリ間隔に切れるとそれは名人芸であるといわれた。ハモは決して上等な魚ではなく、値段も安い。それがハモ料理になると高価になる。それは骨切りが大変だからである。

ハモは水から上げても長時間生きられる強い魚のため、海から遠い京都でもよく食べられたわけである。「京都の鱧は山でとれる」という伝説もあるくらいである。

京へ行く鱧は骨まで成佛し　　**梅二三・8**

瀬戸内海で捕れたハモは京都へ運ばれ、身についた小骨を切り、その小骨まで食べる。骨まで成仏する。

吝い土地馳走も鱧の骨っ切り　　**新三六・15**

吝い土地とは京都のこと。京都では、ハモの骨切りをしたのが、何よりのご馳走である。前述のように七月の祇園祭は、別名鱧祭りというほど土地の人々に親しまれている。その鱧祭りにはなくてはならないものである。ハモの骨切り名人がたくさんいて、細かい骨を切るので、ご馳走となり、人々に喜ばれていた。京都は、「ケチ」と言われるだけあってハモの骨だけがご馳走なのかと笑っている句。

京戻り咄しの骨ハ鱧の味　　**嘉四入船・27**

京都へ旅をした人の土産話のこと。神社仏閣なども多数見て来ただろうに、また名物も色々食べて来ただろうに当の本人の話は、ハモの話ばかり。関東ではハモはあまり食べないこともあって珍しい味だったのか。それとも、骨切りのテクニックに感心したのかわらないが、よほど気に入ったのであろう。本句の「骨」は、ハモの骨の意もあるが、「骨子（コッシ）」つまり話の要点でもある。「ほかに話題はないのか」と親しい人は、あきれて言うだろう。ハモと骨を掛けた縁語である。

鰤 ブリ

『本朝食鑑』には「官家では食さず民家の食となって用いる」とある。日本海の冬の魚で、「寒鰤・寒鰡・寒鰈」という諺があるくらいに、寒くなり、春の産卵期が近づくにつれ、おいしくなる代表的な魚がブリ・ボラ・カレイなどである。このほかフナ・スズキなども寒のうちがおいしいといわれている。近代に入って「大漁の鰤降りかくす深雪かな」（矢島蓼水）とか、「初鰤やほのかに白き大江山」（李友）など鰤を詠み込んだ俳句もある。

ブリは出世魚で成長と共に関東ではワカシ→イナダ→ワラサ→ブリと名前が変わるが、地方によってさまざまな呼び名がある。

関西では正月に、関東の塩ザケのように愛好されるのが塩ブリである。井原西鶴の『世間胸算用』に出て来る長崎の正月の祝い

図16　鰤漁（『日本山海名産圖會』）

魚には、タイ・イワシ・タラ・カツオと並んで塩ブリが挙げられているが、塩ザケはない。北陸では、なわまきの塩鰤を贈答品の一つとしていた。タイとともに飾り物にした。

『日本山海名産圖會』（寛政十年・一七九八）によると、「丹後与謝の海に捕るものを上品とす」とある。丹後鰤とは、ブリの塩漬のことで、丹後産が良質で有名で、関東の新巻に当たるものである。

台所の尾鰭や年の鰤鰹　**菊文明二・1 15**

年の暮れの台所は、正月料理を作るので、ブリやカツオの尾やヒレ、内臓などでちらかっている。正月料理の準備をしている台所の、情景がわかる句。

としの瀬にぬからぬ皃《かお》や鰤松魚《かつお》　**武一六・38**

「ぬからぬ」は手落ちがないという意であるから、年末には、正月用のブリやカツオなど、すべて必要なものを、年の瀬に用意しておくようにという句。手落ちがないよという顔をして新年を迎える。

百膳は鰤一色で間に合せ　**傍五・38**

一人前百文均一の料理。または料理店では、すべての料理をブリ一種類で、何もかもまにあわせるという句。捨てる所なく使い、料理法や味つけ、形などいろいろと変化をつけて作った。

●ブリの調理法
・塩焼き、汁物、さしみ。はまちは寿司種。
●ブリの加工品
・塩鰤、干し鰤、丹後鰤、西京漬け。

穴子 アナゴ

『和漢三才図会』に「鱧に似ていて、色は、海鰻より浅く潤《うるおい》がない。項《うなじ》から尾まで星のような白点がある。そこではかりめと呼ぶこともある。脂は少なくてよくない。漁人はこれを炙《あぶ》ってうなぎと偽ったりする」とある。

北海道から九州にかけてとれるが、主に内湾の海草のある砂泥地《さでいち》に多く、穴居し、夜間に活動してえさを食べる。産卵期は、初夏から初冬といわれ、たくさん捕れるのは夏である。東北地方では、ハモと呼んでいる所もあり、混同されやすい。

行燈へあなごと書いて客を釣り　　別中・20

釣り船屋の行燈にアナゴと書いて客を呼び込む。釣人は、それをたよりに釣り船に乗り、アナゴを釣り、船の中で食べたり、土産用にさばいてもらったりする。店の立場からすれば釣りで手数料が入り、素人にはむずかしいアナゴをさばいたり、料理をしたりなどで、さらに手数料が入る。一石二鳥の上手《うまい》商法である。

初午の狸ハ丑の日のあなご　新三七・28

「初午《はつうま》」とは、毎年二月最初の丑の日の稲荷社の祭りを指す。初午（稲荷）には狐であって狸ではない。同じように土用の丑の日に付き物なのはウナギであってアナゴではない。ミスマッチで「お呼びでない」例。土用の丑の日に安いアナゴで誤魔化して食べたのであろうか。

●アナゴの調理法

・**煮物、椀種、鮨、天ぷら、八幡巻き。**

●アナゴの加工品

・**焼き穴子**

開いて竹串に差して焼く。

鱈・鰰

ハタハタ

『魚鑑』に「一名かみなりうを、古へは、常陸水戸に産す。今は出羽秋田に多し。この魚、性雷声を好めり」とある。「鰰」と書くのも同じ理由である。また鰰と書く理由は、大田南畝（蜀山人）の『一話一言』に「魚の形小さく、鱗の中に富士山の模様生じ候段めでたき魚と祝いし、文字はいつ頃よりか、魚偏に神を書くなり」とある。

ハタハタは関東以北の魚で、しょっつるで知られるように秋田・山形県のものが有名である。ふだんは沖合いの水深一〇〇〜四〇〇メートルの砂泥底にすむが、産卵期の十一月下旬〜十二月上旬に、群れをなして海岸近くの藻場に集まり、水深一〜二メートルの海藻に卵塊を産みつける。昔からこの産卵のために近づいた魚だけを捕っていたのである。

「雷が鳴ると鰰くきる」（「くきる」とは来るという意味）とか、「十二月の雷鳴れば鰰獲れる」といわれたように、この頃の秋田を含め、北国では冬期雷が鳴るころからハタハタが捕れるので、ハタハタのことを「カミナリウオ（雷魚）」という。

秋田では、ハタハタはもと常陸（茨城県）の藩主だった佐竹義宣（元亀元〜寛永十年・一五七〇〜一六三三）が、徳川家康の命により慶長七年（一六〇二）秋田に転封させられたときに一緒についてきた魚で、そのため頭には佐竹家の紋があるといわれている。

ハタハタの卵は秋田地方では「鱈の子」ではなくて「ブリコ」と呼ぶ。卵膜が厚いため、歯ごたえがあるところから、名づけられたという。

はたはたの焼きもののつく踏の平　三三・8

秋田名物のハタハタとフキを扱った句である。秋田のフキは太くて長い、そしてやわらかい。そのフキを含め煮にして、汁と共に平椀に盛り、皿にはこれも名物のハタハタの塩焼きをのせて、一つの膳にした。「平」とは平椀のことで、お平ともいう。煮物椀よりいくぶん浅い漆器のふたもので、煮物を盛り、平は煮物を表す。

●ハタハタの調理法

・ハタハタ鮨、煮付け、味噌汁、かす汁、塩焼き。

●ハタハタの加工品

・干物、しょっつる。

鰊　ニシン

ニシンは、鰊または二親魚、鯡とも書く。『本朝食鑑』には「この魚を鰊と書くのは、東海だけにすんでいて、他の国ではまだ見ない。そこで、これを東に従って漢字を借用したものであろうか。二親とは、父母のことである。人の多子であるのは父母に依り、鰊の子の多きは、他魚ではとても及ばないというところから、こう名づけたのであろうか。鰊の子を数の子とする」とある。

鯡については『守貞謾稿』の中に、「寒帯性の回遊魚なので、北海道では主産物の一つであった。松前藩では、米同様の重要な産物とされ、ニシンは松前の米なり、それゆえに魚に非ず。鯡と書く」と言う意味の記述がある。

また、春にたくさん捕れるので、春告魚の名もある。東北地方ではカド、またはカドニシンともいう。八代将軍徳川吉宗は、国内の薬物や有用な品の調査・採取を目的として採薬使を各地に派遣したが、その採薬使阿倍照任らの著作となる宝暦八年（一七五八）の『採薬使記』には

松前ノ海ニカドト云フ魚アリ、一名ハニシントモ云フ、ソノ形イワシニ似テ大、色青、味ヒ佳ナリ、此魚聚ル処、沫ヲ吹キテ水面ニ浮ム、雪ノフリタルカ如シ、網ヲ以テ是ヲトル。腹ニ子アリテ満テル、乾テ数ノ子ト云フ。和俗専ラ歳始、其他嘉儀ニ用ユル是也。（句読点筆者）

とあり、ニシンをカドとよんでいたことが分かる。

ニシンは、北国の魚で北海道の沿岸が最も多く、日本海側では新潟、太平洋側では千葉、小田原ぐらいが南限といわれていた。

ニシンは、腹いっぱいの数の子を持ったものが選ばれた。それは、昔から数の子は盛んに用いているが、ニシンはあまり食べていなかったからだ。『守貞謾稿』の続きを見ると、「鯡、江戸これを食する者稀なり。専ら猫の食するのみ、京坂にては、自家にこれを煮る。あるいは昆布巻きにす」とあり、江戸ではニシンをあまり食べていなかったようである。そのためか江戸ではニシンを

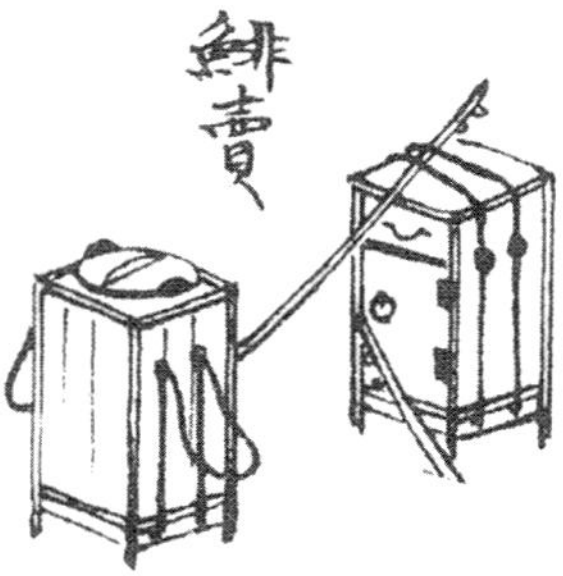

図 17　鯡（ニシン）昆布巻売り
（『守貞謾稿』）

詠んだ句はあまり見当たらないようだ。

●ニシンの加工品

・身欠きニシン

身欠きニシンはニシンを開き干しにしたもの。これを北前船により、日本海航路で敦賀、下関、瀬戸内海を通って来るルートで京坂まで運ばれた。海から遠い京都は「身欠きニシン」の利用が上手で、特に煮物を挙げることができる。そのままでも食べるが、「ニシンそば」や「昆布巻き」は今日でも名物料理として伝えられている。よく乾燥してあるので、米のとぎ汁に二〜三日浸したあと、番茶でゆで戻してから煮る。

・数の子

卵巣は乾燥させて「干し数の子」とし、または塩蔵したものを「塩数の子」という。ニシンの付着卵がついたワカメを「子持ちワカメ」とよぶ。数の子は古語の「鯑《カド》の子」といわれている。数の多い子の意味とされ、多産を喜んだ昔は、縁起がよいとして新年、婚礼などの祝儀には、なくてはならない食品として各地で食されていた。

保存食であるから、使用時には水に浸して戻して用いる。これを、好みの調味料液に漬けて食す。調味料の割合を変えることにより、すぐに食べたり、長期に保存したりすることができる。煮たり炙ったりはしない。

持つべき物は子なるぞやにしん　一六一・7

ニシンに価値のある理由は、親ニシンの肉ではなく子のカズノコである。カズノコがなければニシンの肉の値打ちは半減してしまうといっても過言ではない。江戸の町ではニシンは猫のエサくらいにしかならなかったという。

かずのこでやたらにしいるのまぬ奴　明四・智4

下戸は酒飲みの気持ちがまったく分かっていない。酒飲みは上等な酒さえあれば、酒の肴などは付足しほどあればよい。本句は、正月の宴会であろうか。酒も上等なものが用意され、肴など不要なものだが、うまいカズノコだからと無理強いされるのは、有難迷惑なことである。

たいがいにしろと数の子引たくり　七・38

江戸時代は現代以上に「数の子」は貴重品であったろう。いくらうまいからといって片はしからボリボリ食べられたらたまったものではない。途中で止めさせたくなるのも無理はない。

●身欠きニシンを使った調理

・身欠きニシンの煮物

まず身欠きニシンを灰汁または米のとぎ汁に一晩浸けて戻す。これを水で洗い、たっぷりの番茶で軟らかくなるまで湯がく。更によく水洗いして、うろこを除いておく。水、砂糖、醤油で味付けをしながらゆっくりと煮る。

・身欠き鰊の昆布巻き

味付けして煮上げたものを、戻した昆布で巻き、かんぴょうで結び、平なべの底に竹の皮を広げて敷き、昆布巻きを並べ、水の半量の醤油を合わせたものを、昆布巻きが浸るくらいに入れ、砂糖を好みで加えて、落とし蓋して弱火で一日かけて煮る。煮汁が少なくなったら水を加えながら煮る。

・鰊そば

丼にそばを盛り、その上にニシンを煮たものをのせ、汁をかける。

・鰊のつけ焼き

戻したニシンを使って、三センチくらいに切り、金網の上にのせて焼き、醤油をつけながら焼き上げる。

・西京焼き

西京味噌（白味噌）で焼き上げたものを西京焼きという。

蟹　カニ

『本朝食鑑』に、「種類が多く、江河・陂《つつみ》沢の各処に居る。然《けれ》どもその形はいずれも略《ほぼ》同じく、外は剛く、内は柔かく、骨眼・蜩腹《せみのようなはら》・二つの螯《はさみ》・八本の足・利《するど》い鉗《はさみ》・尖った爪をもっている。殻は脆《もろ》く堅い。江海の産の大きいのが佳品である。塩水で煮熟《よくに》ると、全体が純赤色に変る。甲を脱《はず》し、白い肉を取り、薑酢《しょうがず》を和して食べる。雌蟹の黄いろい部分は最も美い」とある。

カニの種類を区別することはむずかしいが、カニそのものであることは見分けやすい。海のカニの旬は冬期である。良否を見分けるのはむずかしいが、重量感のあるものを選ぶとよい。

一般的には、茹でて食べる。「カニは食べてもガニ喰うな」という諺がある。ガニとは肺臓《エラ》の俗称で、甲羅をはがすと内側の身についている、灰色のピラピラしたものである。これは、食べられないので、取り除く。カニ自体はおいしいが、手に匂いがつくのが欠点である。

蟹見ると娘は逃げる汐干がり

宝一〇信1

「汐干がり」の時、カニを見た娘たちは、キャアキャアいって逃げまわる。それは、はさまれるのがいやというより、少々オーバーに振る舞い、まわりの人に、自分をアピールしているのであろう。

蟹を喰ふ女をさして鬼とやは

種卸二・23

カニを食べることに夢中になっている女の人は、周りの人のことなど気にしていない。その顔といい、仕草といい、鬼神のような顔つきをして食べている。上品な顔で食べることができないものの一つが、カニである。

●カニの調理法

・具足煮

カニのふんどしと甲羅をはがし、ガニを取り去り、足先も切り捨てる。十文字に包丁を入れて四つ割りにし、薄めの味つけ（出汁、酒、味醂、醬油）で煮て、最後に酢を加えてさっと煮上げる。

●カニの加工品

・塩蔵、塩酒漬

・煮乾

塩または塩と酒に漬けて、食べる時に焼くか、茹でる。

一度茹でてから天火に干す。

海老　エビ

『本朝食鑑』には、「古来から海老を賀寿饗燕《きようえん》の嘉肴《さかな》と称している。正月元旦、門戸に松竹を立て、上に煮紅の海老および柚、柿の類を懸ける」、「大海鰕（伊勢えび）は、水を出ても、数日間は死なない。それで、はるばる海浜より到来したものでも新鮮なものが多い」とある。そのほかに、「車鰕」「芝鰕」というのもある。

海老は、甲殻類で、十脚の節足動物の総称。高級なものとして、伊勢海老や鎌倉海老、車海老が知られている。車海老よりも少し小さいものをさいまきといい、それよりも小さいものを、芝海老と呼んだ。小型のものは、小海老、または雑喉《ざこ》と称され、江戸でもよく捕れ大いに用いられていた。

七一・5 伊勢海老をかざると三河者がくる

年末の十二月三十日になると、茹でて赤紅色になった伊勢海老を吉例として必ず飾った。年が明けると、三河（今の愛知県東部）から三河万歳がやって来て、各家ごとに、ユーモラスに、歌いながら、舞い踊った。つまり、伊勢海老は、三河万歳を呼ぶための合図に思える。ということである。

●エビの調理法

・**海老そうめん**
エビのすり身で作ったそうめん。魚ぞうめんともいう。

・**海老だんご**
すり身にして作る。揚げたり、茹でたりして、そのまま食べたり、他の材料と合わせて煮たり、汁に入れたり、炒めたりする。

・**海老せんべい**
身を叩いて伸ばしたものに、片栗粉をつけて揚げる。

・**焼き物**
塩焼き、鬼殻焼きはそのまま焼いたもの。

・**椀種、煮物、酢の物、刺身、天ぷらなど**

・**海老づけ**
小エビを焼いたり、茹でたりしたものを用いる。

図18　井戸端にて魚、タコ、エビをおろしている（『女寿蓬莱台』）

●エビの加工品

・海老こぶ

小海老と昆布を細かく刻み、醤油で長時間煮詰める（下関の郷土料理でもある）。

・干物

煮干し、釜上げ干し、つるし干しなどがある。小さなえびは、素干しや、煮干しにして用いられていた。桜エビがそれである。

蝦蛄　シャコ

水揚げしたものを、すぐその場で、短時間で茹で上げ、頭部を除き、殻の両側を鋏で切り、腹の皮だけの残して出荷する。旬は夏とされているが、真冬にたくさんとれる。新鮮なシャコは、とてもおいしい。

「海老で鯛を釣る」といわれるが、釣り餌のエビを地方では、シャコを使うので、「蝦蛄で鯛を釣る」ともいう。福岡や愛媛の方言で「しゃく」ともよばれる。

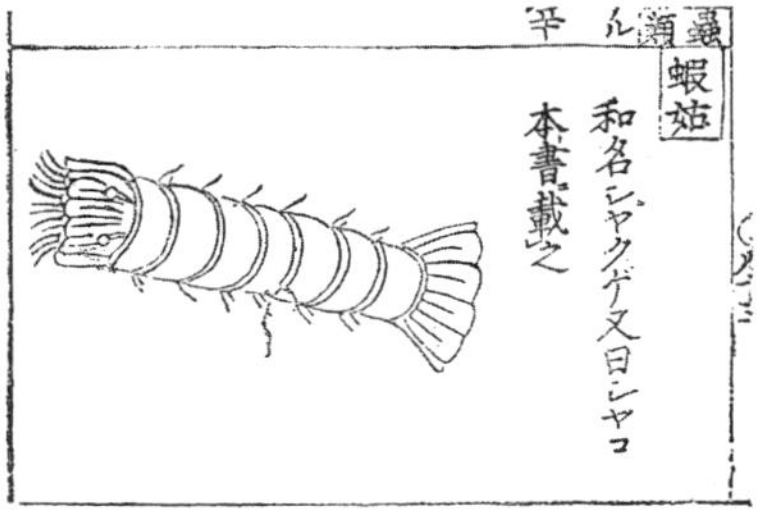

図19　蝦蛄（『大和本草』）

●シャコの調理法

茹でると紫褐色になる。美味で鮨のタネにする。そのほか、戦国時代の武士の具足に見立てて、具足煮《ぐそくに》といった、殻ごとうまみが抜けないよう、さっと煮たものもある。そのほか天ぷら、南蛮漬け、酢のものなどにする。卵巣は歯触りがよい。かつぶしという。

蟹と海老つるんでしやこは出来たやう　一〇一・46

シャコは、まるでカニとエビから産まれた子供のような形をしている。三種とも今いう甲殻類に属するから似ていることは似ているのだが、それぞれ、少しずつ違う。

しやこを喰ふ蜆子あなごの心持　一六七・6

蜆子（けんす）＝中国の禅僧。蝦蛄をとって食べ命をつないだことから蝦蛄の異称。

蛸　タコ

『本朝食鑑』に、「和名では、太古《たこ》。俗に𧋍の字を用いるが、出所は未だ詳らかでない。……我が国では、昔から蛸・鮹の二字を通用してゐるが、今もやはりこれに随ってよいであらう」とある。タコは、壺で捕ることが多いが、網でも捕ったし、釣ることもした。同じく『本朝食鑑』には、「生で食べるのは宜しくないが、煮て食べるのは宜しい。しかし、もしむやみに煮れば、肉が硬くなり、歯牙でかむのに苦労する。」ともある。

『和漢三才図会』には、章魚《たこ》で、和名は太古、八足で、身上に肉がある。タコは、芋を好み、田圃《たんぼ》に入って芋を掘って食べる。歩く時は、目を怒らし、八足を踏んで立行する。その頭は、僧侶のようである。そこで、俗に「タコ坊主《ぼうず》」と称する」とある。

湯出蛸のせり出し鍋のふたか明き　三三・42

タコを茹でている時の句。熱が加わると、足が上に曲がってくるので、そのはずみで、鍋のふたが動き開いてしまう。死んでいるはずなのに、まるで生きているようである。「せり出し」とは、舞台用語、俳優が地下から舞台へ上る装置をいう。

八つがしら蛸を煮るにはもつてこい　三九・5

やつがしらは、サトイモの一種で、八頭とも書き、人の頭《かしら》に立つようにと縁起をかついで、正月料理に使う。タコも足が八本あるところから、縁起をかついだ煮物。また、「八《ハチ》」は末広がりでおめでたい。抱き合せだから、なお、めでたい。お正月料理に使われる煮物の一つに「炊き合せ」というものがある。これにも、いろいろな食材を別々に煮て、盛り合わせる。八頭、蛸の他に、

図20　蛸漁（『日本山海名産圖會』）

クワイ、ハス、タケの子、ゴボウ、ニンジン、コンニャク（たづなコンニャク）などで、いずれもめでたい意味が込められている。

烏賊　イカ

『本朝食鑑』に、「常に水面に浮上していて、飛鳥（カラス）がこれを死んだものと思って舞い降り、啄ばもうとすると、忽ち巻き取って水中に引き入れて食べる。そこで、烏賊と名づけられている。烏の賊害となっているからである」という記載がある。

図21　蛸と鳥売り（『地口絵手本』）

頭足類の軟体動物であるイカは、大きく分けると、ツツイカと、コウイカとに分かれ、ツツイカは胴が細長く、コウイカは、胴は大きく短かい。

イカの皮は、一枚ではなく、四枚もある。イカの皮をむく時は、表側の一枚目と二枚目を一緒にむく。一枚目のみでは、すぐ切れてしまう。三、四枚目はイカの胴に残るが、特に四枚目は、胴に強く結合してるために、それまでむくと、肉まで取れてしまうから、むくことはできない。なお火を通すとイカが丸まるのは、この四枚目の皮が熱で縮むためで、丸まったり、縮んだりするのを防ぐためには、包丁でイカの表面に浅く切り込みを入れるとよい。また、角切りにした場合には、まわりにも、包丁で切り込みを入れるとよい。

あへられて烏賊さまころり山椒の芽　若翁宝一二・221

鮮度のよいイカは、生で和えものにする。たとえば、すりつぶした山椒の芽に豆腐を混ぜてすり合せた衣を作り、イカのコロリ（角切り）を和える。木の芽の緑が美しい。このようにして作った料理は、一見、イカに見えないところがミソで、食べた者は、コロリとだまされる。「イカサマ」との掛け言葉。

●イカの調理法

・煮物、和え物、鮨、天ぷら。あおりイカ・コウイカはさしみ用

●イカの加工品

・スルメ（鯣・須留女）

イカを開き、内蔵を除いて水洗いをし、乾燥したものをスルメという。『本朝食鑑』に、「鯣《するめ》には、太刀烏賊《たちいか》を用いる。（中略）もし普通の烏賊を用いれば、乾肉は薄く枯て、色は黒く、味も短《よくな》い。太刀烏賊ならば乾肉は厚肥で、色は黄白色に微赤色、軟脆で、味もいっそう美《よ》いものである。大抵、太刀烏賊は、乾ものにするによく、新鮮な生も宜い。普通の烏賊は、新鮮な生はよいが乾《かわき》ものにするにはよくない」とある。乾焼いて、細くさいて食べるのが一般的であるが、水でもどして、生イカ同様の料理にも使う。松前漬といって、スルメ、昆布、人参等を細切りにし、数の子などと共に、醤油、味醂で漬け込んだものもある。なぜ松前漬といったかというと、北海道松前から産する昆布を、松前昆布といったところからついた名である。スルメを更に加工して、ノシイカ、刻みスルメ、イカトックリなども作られる。

次の句は、いずれも、スルメを焼いている時のものであるが、後の句はまるで、スルメになったような気持ちの句である。

銅網《かなあみ》へ文鎮《ぶんちん》を置くするめ焼　七三・30

スルメを焼くと、上に丸まってしまう。均一に焼けないし、見た目も悪い。それを避けるために、手では熱いので、文鎮を重しとして、スルメの上に乗せる。文鎮でなくても、熱に強い重しであれば何でもよい。本句は、文鎮の意外な使用法が面白い。なお、重しを使わずに、丸くなるのをさけるためには、浅く皮に切れ込みを入れておくとよい。

あつそうに足をちゞめるやき鯣《するめ》　一〇四・27

スルメを網焼きにすると、足がくるくると縮まる。さぞ熱いのであろう。生きていないものを、生きているように、表現している視点が面白い。そこで、縮まないようにするには、前句のように、重しを置いたり切れ目を入れるとよい。

・塩辛

塩辛といえばイカの塩辛であり、他の塩漬は○○の塩辛という。

イカの塩辛は、赤作り、白作り、黒作りの三つに大別される。赤作りは、イカを剥皮《はくひ》せずに切身とし、そ

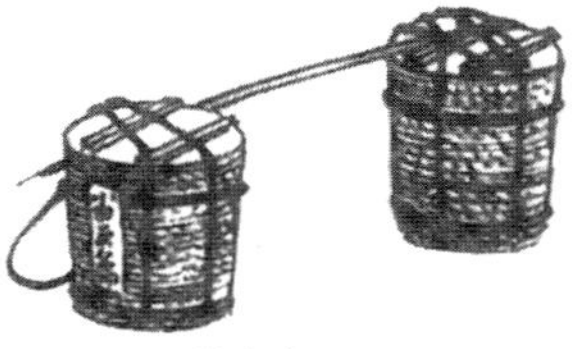
図 22　塩辛売り（『守貞謾稿』）

のまま用いるので最も一般的である。白作りは、剥皮したイカを切身にして用いる。黒作りは、イカの墨を加えたものである。作る場所によって黒作りは、剥皮したものと剥皮しなものがあり、それによる区別は、特にしていない。

塩辛の作り方は、イカを細切りにし、イカの肝臓と十数パーセントの食塩を加え、時々攪拌《かくはん》して熟成させる。仕込み後、細切り肉は次第に生臭味がなくなり、肉質も柔軟性を増し、元の肉とは違った塩辛らしい味や香りが増強されるようになる。これは、原料のタンパク質や核酸、糖質などの成分が分解されて、多種類のうまみ、香気成分に変化するためである。塩を十数パーセントと多くするのは、塩の防腐作用で腐敗や食中毒を防ぐためである。さらに、イカの肝臓には、黄色ブドウ球菌や腐敗細菌を抑制する物質が含まれていることが最近あきらかにされている。富山の黒作りでは、イカ墨にも細菌抑制作用があり、これが黒作りの防腐性に役立っているという。

蛸壺へ塩辛漬ける濱の家　　新一五・17

蛸壺とは、タコを採る壺。タコ捕りの漁師の家では、タコ壺をたくさん持っていて、普段は、小さい壺を使う。しかし漁師は塩辛を作るのにも、蛸壺を使ったのだろう。

塩辛をこわ〳〵下戸はなめて見る　　筥二・8

塩辛はもともと酒の肴としては珍味で、塩加減がむずかしい。下戸は、あまり馴染みがない。

海鼠　ナマコ

『本朝食鑑』に、「形状《かたち》は鼠に似て、頭・尾・手足はなく、但《ただ》前後に両口があるだけ」とある。そこで、海鼠の名があるのだろう。

初冬から、春までが旬だが、見た目がグロテスクなので、よくこれを食用にしたと思う位である。

なまこうりつまんで見せていやがらせ　**武一三・30**

ナマコは、そのままだと、とてもグロテスク。「これいかが」といわれても、初めての人は、とても買う気になれない。若い女の子に見せたり、手につけたりして、いやがらせをする。味を知っている人は、生きがよければ、よろこんで求める。

塗箸でつるり海鼠のハジキ猿　**新々二・20**

ナマコは、薄く切って、酢の物などにして食べるが、塗箸だとすべって、おもちゃのハジキ猿のように、飛び上がるようなことにもなり、なかなかつかめない。

●ナマコの調理法

塩でさっと表面をこすり、水洗いして酢のものにする。こすりすぎると、溶けてなくなってしまう。また、降り海鼠といって、まな板の上で塩をたっぷりふりかけ、目ざるに入れて強く振る。茶降り海鼠とは、重曹を入れた煮立った湯でさっと霜降りにしたものだが、いずれかの下ごしらえをしておくと、酢の物に最適である。柚子のせん切りを添えるとなお良い。

●ナマコの加工品

・コノワタ

ナマコの内蔵の塩漬けをコノワタという。『本朝食鑑』に、別名「俵子《たわらこ》という」とある。「先づ生鮮な腸を取り、きれいな潮水で数十回洗浄し、沙《すな》および穢汁を滌《すす》ぎ去ったものに、白塩を和し、かきまぜて収める。純黄で、琥珀のような光のあるものが上品で、黄色の中に黒白が相交じったものは下品である」。また、「腸の中に赤黄色の糊のようなものがあり、鼠子《このこ》というが、これは弥《ちん》とはしない」とある。「コノコ」は「ナマコ」の卵巣で今は珍重されている。生《なま》または、干したものを食用とする。

図23　杉田村（現・横浜市磯子区）でのキンコ作り

引っ切りが無いでこのわたみんな喰ひ　**安四・叶1**

コノワタは、前述の通りナマコの腸《わた》で作った塩辛で、細く長い。塩漬にする前に小さく切ってから作るか、または、切らずに塩漬として、食べる時に適当な長さに切る。たまたま食べたコノワタは、まだ切ってなかったので、少し食べようと思ったのに長いまま、みんな食べてしまった。コノワタは、酒の肴としても一級品のもの。

やむ事を得ずこのわたをみんなのみ　**一四・13**

前句と同様にコノワタの切れ目がない状態を言う。このコノワタも切ってないものであったようである。

このわたを盗んで喰ってこまってる　**玉・28**

これも前句と同様になかなか切れないコノワタを句にしている。盗み喰いの句だが、裏にはもちろん盗み呑みもあったろう。

・キンコ（イリコ）

ナマコを酢漬けにして、天日に干したもの。中華料理の材料として使われている。

・味噌漬け

ナマコを金串焼きにして、白味噌に六〜七時間漬け込み、薄く切って食べる。

蛤　ハマグリ

『本朝食鑑』に「江海の各処にいる。（中略）凡そ勢州桑名の海上のものが上品である。桑名の土地の人は、蛤を炙るのに、必ず松毬《まつかさ》子の火を用いて（以下略）」とある。松毬子は多量の油脂を含むため、火をつけるとよく燃える。蛤に砂が多く含まれていることがあるが、「これは、海俗（海の俗説か）にいわれる。月夜には、蛤が口を開けるので砂が口から入る。暗夜には、蛤は口を閉じているので砂が入らない。ということで、やはり一奇である」とある。また、「江都《えど》の芝江《しばはま》および房州・下総の江浜でも多く採れ、肉の味も好い。（中略）二・三月より秋八・九月までの間が最も多い」とある。また『和漢三才図会』によると「蛤は海浜に在りて形栗に似たり、故に俗名つく」とある。

ハマグリの売り方は、江戸と京坂ではだいぶ異なり、京坂ではそのまま売り、江戸はむきみで売っている場合が多い。それは、食べ方の違いにある。京阪の「焼き蛤」、江戸・佃島の「しぐれ煮」などが代表的なものである。しかし、江戸でも殻つきのまま吸物にしたり、焼いても食べている。

図24　汐干狩り（『温古年中行事』）

蛤はすうばかりだと母おしえ　三一・18

はまぐり吸物を喰ってしかられる　安四叶・2

二つの句は、清汁《すましじる》に入っているハマグリの食べ方である。「蛤汁は飲むものであり、実は食べないものである」と、母親は教えるが、おいしそうな貝の身を見ると、つい食べたくなるのも人情である。一句目は、婚礼の句。花嫁となる娘に母親が教えている場面である。「みっともないからやめなさいね」と。二句目も婚礼の句といってよいが、婚礼にこだわる必要はない。清汁のハマグリを食べない理由は特にないが、貝殻離れが悪いことも理由の一つであろう。現在ならば、客膳料理でハマグリを椀種にする時は、貝殻から身をはずし、元通りにして椀にもどす。そうすると食べやすい。

生ま煮への蛤無理に口を明け　こと玉中・67

ハマグリは、煮えると、パッと口を開く。それで加熱できたと判断する。死んでいるものは開かない。鍋や網焼きなど目の前で火にかけた時、待ち切れなくなって、少し口が開いたとき、むりやりにこじあけて、食べるのであろう。これでは、なま煮え（半煮え）であり、食べてもおいしいとは思えない。やはり火がしっかり通ったほうが、適度にハマグリの食感があり、ダシもきき、旨いのである。

江戸庶民の楽しみでもあった汐干狩りを詠んだものも多い。東海道第一番目の宿場町品川は、御殿山の桜となならんで、遠浅の広がる海岸での汐干狩りが有名であった。

はまぐりをつぶてになげる汐干がた　明五亀・2

汐干狩に行って、大量に採れたので、あきてしまったのであろう。暇つぶしに採ったハマグリを、石っころのように投げ遊んでいる。当たれば相当に痛いと思うのだが……。

蛤にひらめの交じる大あたり　傍一・11

汐干狩で、ハマグリなどの貝を拾っていたら、偶然ヒラメが泳いでいた。何とか捕まえることができたので、大喜び。

水引で蛤を釣る雛あそび　明元・官3

江戸時代には、雛祭りにハマグリを供える風習があった。きれいに飾った雛壇だが、男の子はすぐに退屈してしまう。生きているハマグリが口を明けたのを見て、水引を突っ込んで釣り上げようとする。水引は、贈られた品物についていたのであろう。

桃林で蛤のなくのどやかさ　二六・24

桃林《とうりん》とは、雛祭りのことである。桃の節句というように、桃の花を多数雛壇に飾っておりそれを桃林に見立てた。生きたハマグリはときどき口を開け。チュッチュッと水を飛ばす。それを鳴くと表現。のどかな雛祭りの宵である。

ハマグリは食用だけでなく、古くからその貝殻もさまざまなものに利用されていた。膏薬の器や、殻裏に花鳥人物の絵を描き、貝合わせの道具、また日本画の顔料である胡粉の材料、あるいは碁石の白石などが挙げられ、『日本書紀』や『常陸風土記』などの古書にも表れる。

八代将軍徳川吉宗の頃には、ハマグリは元の組合せ以外では貝殻がぴったりと合わないことから、よい伴侶を願い、婚礼やひな祭りおける必需品となった。

●ハマグリの調理法

・殻つきで、焼く（焼きハマ）。蒸す、うしお汁など。

・むき身で、しぐれ煮、串焼き、鍋物。

●ハマグリの加工品

・干し貝

図25　むき身売り（『雁金紺屋作早染』）

表7　貝類の栄養成分量

栄養成分 / 単位 / 食品名	エネルギー	たんぱく質	脂質	カルシウム	脂肪酸			コレステロール	レチノール
					飽和	一価不飽和	多価不飽和		
	Kcal	g	g	mg	g	g	g	mg	μg
はまぐり	38	6.1	0.5	130	0.08	0.04	0.11	25	7
あわび	73	12.7	0.3	20	0.04	0.03	0.04	97	0
あさり	30	60	0.3	66	0.02	0.01	0.04	40	2
さざえ	89	19.4	0.4	22	0.05	0.02	0.06	140	?
あかがい	74	13.5	0.3	40	0.03	0.01	0.04	46	30
ばかがい	61	10.9	0.1	42	0.06	0.04	0.08	120	4
ほたてがい	72	13.5	0.8	22	0.18	0.09	0.15	22	10
か　き	60	6.6	1.4	88	0.23	0.18	0.32	51	22

『日本食品成分表』（2001年）より作成

鮑　アワビ

『本朝食鑑』に、「凡およそ鰒（鮑）は介中《かいるい》の長であって、昔から賞味されている」とある。部位の名称であるが、貝類に密着している筋肉は、「ほし」、身のまわりのざらざらを「みみ」、外がわの膜《まく》を「ひも」、内蔵を「わた」と俗に呼んでいる。また、「砂袋」と呼ばれる胃袋は、不消化の海草が入っている。

アワビは、生貝《なまがい》といわれているほどで、死んだものは食さないほうがよい。生きているものを選ぶには、触ると動き、身が堅く、肉色が青みがかったものがうまい。

料理法で多いのが、貝焼き、酒蒸し、塩蒸しなどである。また、生食ではそぎ切りにして、洗いや、酢の物にし、わたでわた酢を作ったりする。水貝といって、角切りにして氷片を添え、三杯酢や、わさび醤油で食べるのは、盛夏の料理としては逸品で、江戸時代も食べていたものの一つである。

大根でてうちゃくひどい目に鮑　一四一・28

打擲《ちょうちゃく》は叩き打つこと。アワビは、大根で軽るく叩いて煮ると肉がやわらかくなるので、軽く叩くとよいといわれた。句の後半は（叩かれて）「酷い目に会う」の洒落言葉の地口仕立て。

取りたてのあわびは四つを聞いて喰い　一〇・13

教養文庫によれば、この句は江ノ島詣での句とする。江ノ島詣でに行き、途中、保土ヶ谷か戸塚辺りに一泊、江ノ島へ着くのは五つ過ぎ、とりたての鮑を食べようと一休みしていると別当岩本院で打ち出す四つ（午前十時）の鐘が鳴り始めた。早朝に採って来たアワビは午前中に食べた。この時間帯に食べるのが、一番おいしいといわれている。

料理する鮑は猫の片思ひ　梅八・18

アワビは、捨てるところがない。他の魚ならば、頭か内蔵、または骨などを猫にエサとしてやることができるが、アワビとなると、何も残らないので、待っている猫の立場としては、がっかりというところの句。むろん「磯の鮑の片思い」という成語をふまえている。

●アワビの調理法

・水貝

アワビを角切りにして冷やしたものを水貝という。これに氷片を添え、三杯酢やわさび醤油で食べるのは、盛夏の調理法の一つである。

水貝の手を幕で拭く宵祭　**ケイ七下・12**

水貝は夏の料理なので、夏祭りの宵に出された水貝を手でつまんで食べ、その手を幔幕で拭いているという句。

水貝を茶うけにつまむ野暮な下戸　**一二九・34**

水貝は、酢の物やわさび醤油で食べるので、酒の肴に向いている。下戸は酒の代わりにお茶を。酒飲みからみたら、なんと「野暮な下戸」、もったいないということになる。

・その他には、酢の物、蒸し物、煮物、焼き物など

●アワビの加工品

・のし鮑

生のアワビを薄く剥き、それを干して作る。『日本山海名産圖會』にもその作り方が記してある。志摩の

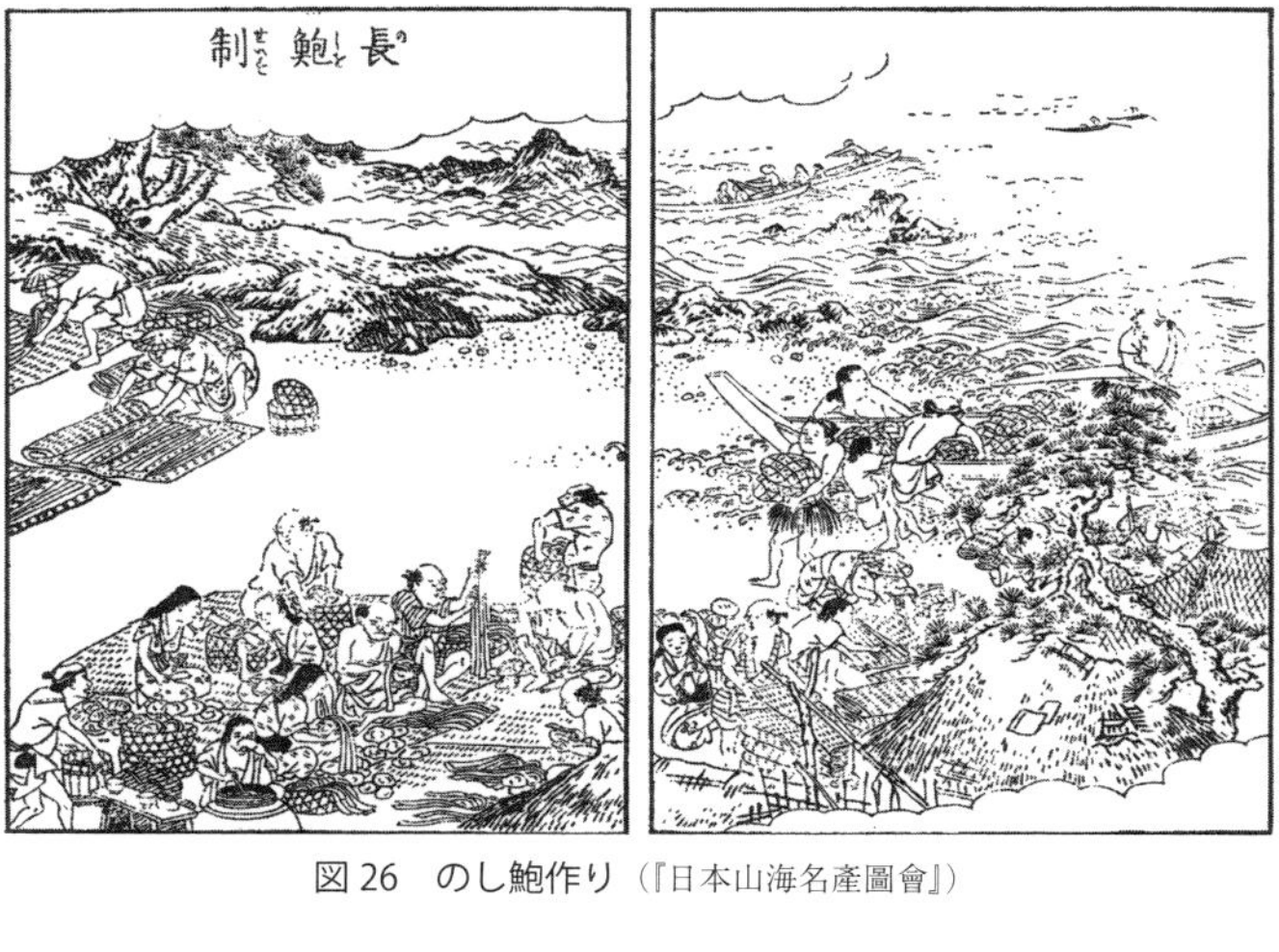

図26　のし鮑作り（『日本山海名産圖會』）

国崎では、今も伊勢神宮に共進され、ここでは伝統的なのし鮑の製法技術が伝えられている。のし鮑は、アワビの保存法の一つである。

・干鮑

乾鮑《かんぽう》と呼び、中国料理の材料。

法螺貝　ホラガイ

『本朝食鑑』に、「ちょうど婦人の鬟髻《まげ》に似ている（中略）。味は短く（あまりおいしくない）食用としない」肉を出した後、「よく乾枯させてから、尖尾を破って吹口を作る。これを吹くと、その音色は、嘹喨《りょうりょう》（澄んで響きわたる）としている。殻の大きいものは、我が国では、軍中で用い吹いて先鋒の兵を進めたり、また、釈子（山伏）が用い、吹いて勤行の峯に入ったりする。小さいものは、児童の戯器《おもちゃ》である」とある。

このように食べるよりも、音を出す道具として用いていた。なお、『本朝食鑑』に「味は短く食用としない」とあるが、まったく食べないわけではない。肉は食用として、生では刺身、酢の物、味噌和えに、また殻ごと焼いて、サザエの壺焼きと同様にして食べていた。他の貝類に比べれば、あまり食べなかったのは間違いなかろう。

さかなうりほら貝壱つ入れて来る 天五・義5

ホラ貝は、アサリ・ハマグリ・サザエなどに比べるとあまり食べなかったからそんなに売れるものではないが、魚売りは、好事家《こうずか》のために、いくつかは入れていた。主に人寄せに使っていたのだが、欲しい人がいれば売る。買った人は、中味を食した後、吹き鳴らせるように、加工するつもりなのかも。

死んでから大声を出す法螺の貝 一五三・20

ホラ貝の中味をぬいた後、吹くと大きな、しかも遠くまで聞える音が出る。そこで、昔から山伏の間でよく使われていた。

ほらの貝きのふの米を吹出して 武七・16

ホラ貝を吹くのには、半端ではない力で息を吹き出す。その時、昨日食べたご飯がホラ貝を通して飛び出したろうという、オーバーな表現の句。

浅蜊　アサリ

『本朝食鑑』に、「常に江水の浅い処で聚れる。蜊とは、滑利《なめらか》の謂であるところから、浅蜊と呼ぶのである。

民間の日用の食品として販売するが、価も極めてやすい。……乾浅蜊は、竹串で二・三箇貫《つらぬ》いて日に暴《さら》す。これを串浅蜊という」とある。

寒中から四月くらいまでが旬で、殻付きのまま汁物にしたり、むき身は、ぬた、佃煮、深川飯などにした。

あさりうりみの無いやうによんで来る　九・23

『守貞謾稿』によると、「介殻《かいがら》を未去《いまださらざる》をから蛤、からアサリ等唱す。からある蛤或はからのままアサリ等云うべき中略欤《か》か。から蛤にては空蛤というに同く殻《から》のみにて肉を去りたる如くに聞ゆれども、今俗に随て唱レ之」とある。本句の解釈は『守貞謾稿』の説明につきるが、アサリ売りが「からあさり、からあさり」と言って売っているのは殻付のあさりと言う意味が、中身のない空のアサリを売っているように聞える意であろう。

今朝買った浅利の中に迷ひ蟹　一〇八・6

今朝アサリを買ったら、その中に蟹が一匹迷い込んでいたという句。アサリを採った人は、多少何かがまぎれ込んでいても、そのまま売りに来るので、時によっていろいろなものが入っている場合がある。この場は小さなカニが入っていた。食べる意味はないが、庶民の生活感が出ている。

栄螺　サザエ

『本朝食鑑』に、「『食経』には、栄螺子、蛤に似て円いとある。和名は佐左江《さざえ》と訓む」といっている。源順（『和名抄』）は「螺《ニシ》の殻背がちょうど枝芽が尖角につき出しで栄に向うような形になっているので栄となづけているのであろうか」と記している。

食用になる巻き貝としては代表的な貝で、三月の雛の節句には、ハマグリと一緒に供える風習がある。鮮度の見分け方として、サザエの殻に触ると、すぐ身をすくめ、蓋を閉じるものが新鮮である。身を殻から取り出すには、コツがある。まず蓋のゆるんだ時に、貝むき用の鉄べらを、内側に突き入れ、殻に密着している筋肉をはずし、殻の口を下に向けて、指を入れて腸《わた》を抜く。

ひよろ〳〵と五臓をぬけるゆでさゞゐ　**一〇四・5**

「五臓」とは、はらわたをいう。茹で上げたサザエを取り出す時は、静かに引き出す。すると、ひょろひょろと次から次に、はらわたがつながって出てくる。力を入れすぎると、途中で切れてしまうこともある。はらわたが全部抜けたら、万々歳である。

いゝ壺でさゝゐは二度の勤めをし　**一一〇・14**

形といい、大きさといい、器にちょうどよいサザエの殻は、食べた後に、きれいに洗って保管しておくと、何かの時の器として、二度目の勤めとして利用される。これも、またよいものである。

味噌さゞいとはどう煮ると大たわけ新　一一・24

「ミソサザイ」は、サザエの味噌煮ではなく、鳥の名前。そのトンチンカンぶりは、まるで落語である。「ミソサザイ」とは「鷦鷯」と書く。スズメ目ミソサザイ科の小さな鳥である。『本朝食鑑』によると、「人家の近くのどこにでも多くいる」とある。サザエは、壺焼きか刺身で食べることが多く、味噌煮にすると固くなるので、あまりこのような料理はしない。

●サザエの調理法

調理法としては、壺焼きが一般的であるが、刺身、酢の物、和え物にしてもよい。なお、長時間加熱すると、身が堅くなるので、煮物にはあまり向かない。

馬鹿貝（青柳《アオヤギ》）　バカガイ

『本朝食鑑』に「この蛤《カイ》の場合、何をさして、こう（バカ）と言うのかわからない」とある。江戸では、バカ貝のむき身を、アオヤギと呼んでいる。「バカ」では、商品として売りにくいからだろう。「アオヤギ」とは、上総の青柳村（現在の市原市の一部）に近い海岸が、バカ貝の名産地であったところから名づけられた。

バカ貝は二枚貝で、常に少し口をあけているので、この名があるともいう。青柳村を含む江戸の海では、良質のものを産し、冬季が旬である。

ばか貝ハ両方のつらへ味噌をつけ　濱荻・7

バカ貝のむきみ（アオヤギ）の足をサッと焼いて、両面に少しずつ摺り味噌をぬって食べる。これを「両方のつら」と表現した面白さである。アオヤギは、普通、刺身かヌタで食べることが多いが、こんな食べ方も江戸時代にはあった。「味噌をつけ」るは、失敗することをいうが、本句はその逆で、焼いたアオヤギと味噌の合性はよく合っているという、本来の意味を逆手に取った面白さもある。

●バカガイの調理法

バカ貝は、アオヤギと柱（貝柱）とに分けて売っている。貝柱は小柱といい、特に美味である。アオヤギは赤味を帯びており歯ごたえがあり、鮨や、吸い物種などに用いられる。柱はクリーム色で柔らかく、淡白な味である。両方とも生のまま、二杯酢、酢みそ和え、わさび醬油和えに、また、小柱はかき揚げなどにする。

帆立貝　ホタテガイ

『本朝食鑑』に「蛤殻《かいがら》が遠くの帆を開いた舟を望むようなもので通俗《いっぱん》こう名づける、海中の大蛤である」とある。また、「大きいものは、貝殻で大柄杓《ひしゃく》に造り成し、これを使って諸汁・羹《あつもの》を酌《く》むが、これは古来我国の誰が、しはじめたのであろうか。その博識の仁術は、農黄の行為に比べても恥じないほど立派なものである」とある。
二枚貝ではあるが、左右の貝殻は不同で、一方は鍋のように深い。それを鍋代りに使っている句もある。また、中央に大きな柱が一個ある。それを刺身、酢の物、煮物、焼き物、揚げ物などにする。柱を乾燥加工したものは「貝柱」といい、中国料理でよく使われる。干した貝柱は、長崎から中国への主力輸出品の一つでもあったという。

ほたてかいなをあた、めて喰て居る　　天五・天1

小鍋立《こなべだて》といって、ホタテの貝殻を鍋代わりにして、ちょっとした煮物を作る。火は火鉢の火であり、吉原の遊女が客との夜食に時折《ときおり》作ったことが詠まれている。本句もその一つ。「な」とは菜で、野菜に限らず鍋に入れるものをすべて「ナ」とか「サイ」とかいう。これらを煮ているのであろう。

帆立貝火鉢の中で破舟《はせん》する　　四九・10

これも小鍋立ての句。これも同様に火鉢で加熱していたところ、鍋代りにしていた貝殻が突然割れてしまった。灰神楽が立って、大騒ぎとなったろう。という意である。もともと、ホタテ貝と舟とは海の縁語であり、そのために割れることを破舟と表現している。

帆立がい破舟するのもおきの中　　一一七・8

「帆立」「破舟」「おき」は、海の縁語である。「おき」には、二つの意味があり、一つは「海の沖」

であり、もう一つは「火鉢の火」、即ち炭火《すみび》のことを「おき」という。ここでホタテ貝が破舟するのは、火鉢の中でのことである。前句と同様の句。

爪の火で煮焼は出来ぬ帆立貝　一五九・23

俗に倹約することを「爪に火をともす」というが、ケチでは女郎買いが出来ず、まして小鍋立てなど思いもよらぬという例えであろう。

煎酒のゆげに霧こむ帆立貝　新二八・20

煎酒《いりざけ》は、日本料理で使う上等な調味料である。料理をする時に、煎酒をあたため、そこに、ホタテや他の材料を入れて、例えば、鍋にする。冬の寒い日に料理している光景、ホワッと暖かくなる句。「ゆげに霧こむ」は、ゆげが出て霧のようになることをいう。また、「霧こむ」は「切り込む」で、材料を切り込んで煮る意もある。ゆげが出る様子と、材料を切るの二つにかけている。「煎酒」を作るには、昆布出汁に、清酒、梅干し、鰹節などを加えて煮つめたものを濾す。用途に合せ、あらかじめ、醤油などを配合して煮つめることもある。

●ホタテガイの調理法

・焼き物

殻付きのものはそのまま直火で焼く。醤油、柚子のしぼり汁を落して食べる。

・**串焼き**

竹串に刺し、味醂醤油などをつけて焼く。

・**刺身、酢の物**

・**煮物など**

●ホタテガイの加工品

・**干物**

貝柱を干したものが主流である。中国料理では重要な材料とされているので輸出されている。

・**貝細工**

貝殻は貝細工の材料として利用され、特に柄をつけた柄杓は実用品として広く使われた。

牡蠣　カキ

『本朝食鑑』に、「今どこの江浜にもおり、石に付いて生活し、あるいは、泥沙に寄り聚まる。（中略）九・十月から春三月にかけて味が美《よ》いが、夏には肉が脆く、味は甚だ鹹《しおから》く、食べるには宜くない。それで海俗はこれをこの時期に採らないのである。参州《みかわ》の苅屋《かりや》の江上のものが上品であって、蠣も大きい。尾州・勢州《いせ》のものがこれに次ぐ。江東《かんとう》・房総に最も多い。現今江都《えど》の漁市で販売されるものには永代嶋の江上で採れる。

蠣も大きく、味も佳い。海人は生《いけ》ながら殻を割き、肉を採っている。生鮮なものを珍とするためである」とある。『和漢三才図会』にも、「東北海に多くこれあり、参州の苅屋、武州江戸近処の産、大にて美味なり、芸州の広島の産、小にて味佳なり。尾州・勢州これに次ぐ、播州は大といえども肉硬く味佳ならず」と記されている。

カキは、縄文時代から食べられており、当時の貝塚から多くのカキ殻が発見される。室町時代にはカキの養殖に成功していたようだが、カキが多く流通するようになったのは江戸時代の元禄年間（一六八八～一七〇四）で、広島で養殖して大量に採れたカキを「牡蠣船」と呼ばれる専用の船で運び大坂で販売したことによる。カキが大坂人の好みに合ったことは、『浪速の風』（安政四年〔一八五七〕）に

「牡蠣は少なき方なれども、土人もっとも賞玩す。故に十月頃より牡蠣船とて、広島より多く牡蠣積たる船来る。この船にて牡蠣料理として、牡蠣を加えた飯を焚き、その余、汁や平などに至るまで、一式牡蠣のみを用ひたる料理とあり、土人これを賞玩す。」

とあることからもわかる。

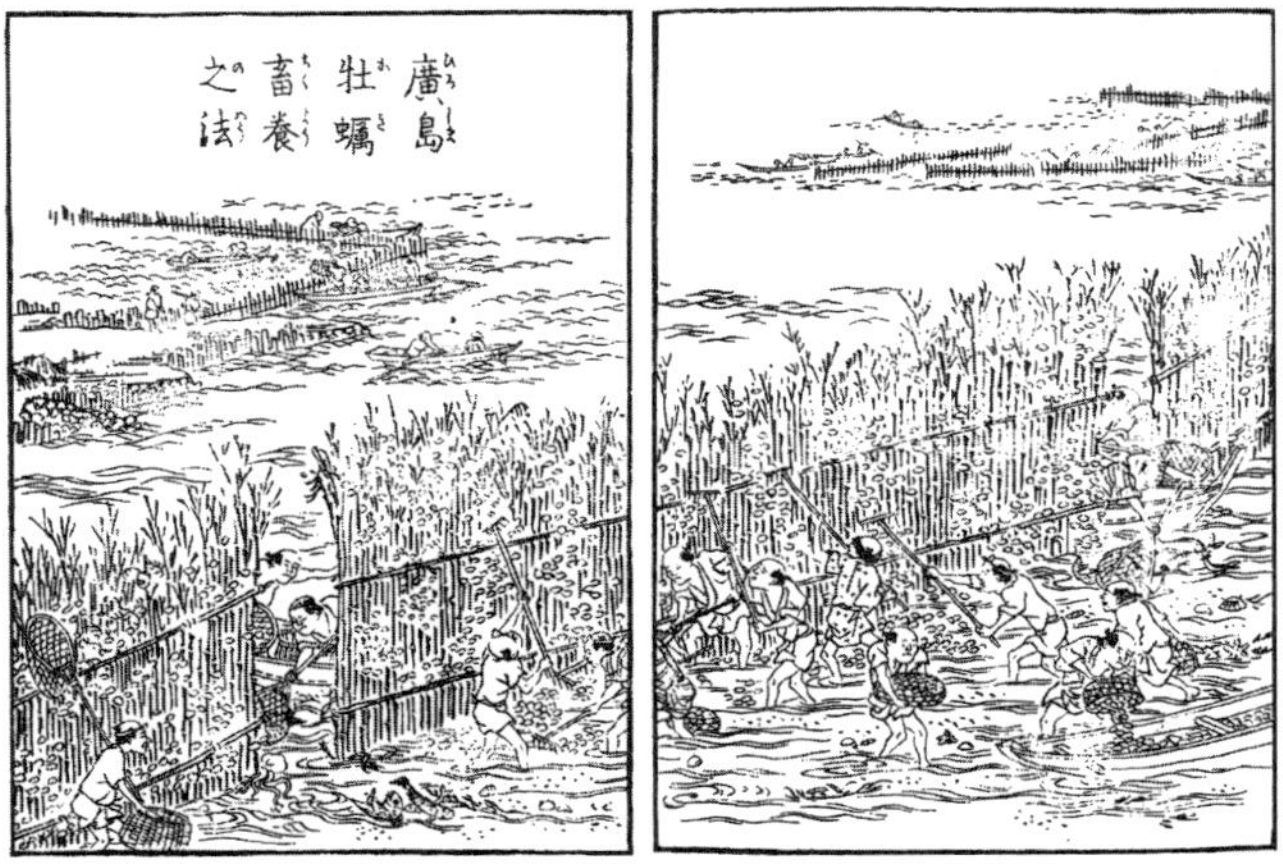

図27　広島でのカキ養殖（『日本山海名産圖會』）

江戸でもカキは食べられていたようだが、『江戸自慢』には、「牡蠣の肉大なれど味薄く、我国和歌浦の品より大いに劣れり」と、江戸ではカキの評判はあまりよくない。

よい日和折かけ小屋に蠣むいて　ケイ三・59

カキを殻からはずすことを、カキをむくといっていた。「折りかけ小屋」とは、四隅に柱がある掘建て小屋、今でいうシートのようなものが、屋根と後に掛けてある簡単なものである。暖かくなって、とてもよい日和なので、カキに日が当らないように、屋根の下でカキの殻をむいているというのどかな句。

じゃも面の座頭は蠣の玉子とじ　一二五・16

盲目の人、目の不自由な人の目はよくカキに例えられた。

●カキの調理法

・生牡蠣

殻付きのものを、柚子や橙をしぼった液の酸味と醤油で食べる。

・焼き物、殻焼き、串焼き。

・杉焼き

現在の土手鍋のもとといわれている。

・酢の物
・吸い物

浅草海苔　アサクサノリ

『本朝食鑑』に「浅草は武州の江都の東辺の地名で、隅田川の川上の村である。この苔《のり》は、もともと総州葛西の海中に多く生じ、土地の人々が採って浅草村の市に伝送したものである。苔はあたかも紙をすく技法を使って、干し海苔にする方法を考案し、この紙すき法が浅草でおこなわれていたために、浅草海苔といわれた」とある。また『毛吹草』(寛永十五年・一六三八)にも「下総、葛西苔是を浅草苔とも云う」とある。生のりを紙すき技法を使って干し海苔にする方法が考案されたのは、江戸でのことで、時期としては元禄期といわれている。

のりのにわとは浅草で言ひはじめ　八・4

「のりのにわ」は「法の庭」と書き寺院などをいう。法と浅草海苔をかけて浅草観音のことを言う。葛西で採れた海苔を浅草の紙すき法で、薄く四角に伸ばし、干し上げたので浅草海苔の名がついた。浅草で採れるわけではないが、今でもその名は変わらない。

品川を浅草で売る海苔の庭　五〇・26

品川で採れた海苔を、浅草海苔といって売っている。前句と同様に「海苔の庭」と「法の庭」をかけている。

荒布　アラメ

『本朝食鑑』に「各地の海浜で多く採れる。石に付いて生じる。形状は昆布に似て、細く狭く、厚い。……生食しては宜しくない。採って曝乾し、煮熟て食べるとよい」とある。

現在はアルギン酸の原料とする。ゼリー、ジャム、マヨネーズ、ケチャップ、スープ、アイスクリーム、練乳などの乳化剤、増粘剤として用いられている。

干し荒布黒縮緬の汗のしみ　一一六・19

干したアラメを、布として表現している。アラメを干すと表面に細かい皺ができる。元々黒い色をしているためにそれを「黒縮緬」に見立てている。縮緬は絹織物の一つで、細かな皺がある布。アラメは全体が黒いわけではなく、所々に色が薄い部分があるのでそれを「汗のしみ」と詠んだ。よく干しあがった状態を表している。

木綿ちゞみの手ざわりはゆで荒布　新二三・9

これは同じ布でも、手触りでまとめている。干したアラメはあまりおいしくないので、細かく切って食べることが多い。軟らかくするために茹でると、多少ごつごつとした硬さが残る。表面の細かい皺はそのまま残るので、それが、木綿の「ちゞみ」(縮織り)のごわごわした手触りによく似ている。

昆布　コブ

『本朝食鑑』に「昆布は、奥州の松前および蝦夷《えぞ》の海中に生じる。形状は海帯《あらめ》に類し、(中略)凡そ昆布は、大饗《だいよう》(もてなし)嘉儀の贈り物として、冠婚寿生の賀を祝う。俗に慶賀《よろこぶ》の和訓を仮りて古布という。毎《つね》に庖厨《だいどころ》・茶会の菜菓としたり、あるいは斎日《いみび》の煎汁《だし》を取って鰹魚《いろり》汁に代えたりする。僧家でもやはり煎汁で羹《あつもの》を調味し、甜味《うまみ》を添えたり、また果および油具(昆布を小さく切り油であげたものか)としている」とある。

『採薬使記』(一七五八)にも「東海ニ生ルヲ上品トス。殊ニ蝦夷松前ニ生ウルハ丈甚ダ長ク色淡黄ニシテ、ヘリ青黒白ニシテ薄ク柔軟ニシテ味ヒ美ナリ……」とある。

こぶ巻をくわせて置てでんじゆをし　初・21

「こぶ巻」を作り、それを客に出して、その作り方をもっともらくし説明(伝授)している。

虫干に袂から出る結び昆布　こと玉中・64

夏の土用のころ、衣類を干すことを虫干しという。この時、冬に食べた「結び昆布」の食べ残しが出てきたという句。長く昆布を入れておくと虫がわき、袂も痛んだかもしれず、虫の害を防ぐことができたのでほっとしている。

「結び昆布」とはコブを紐状ににして結んだもので、「縁を結ぶ」の意から縁起のよいものとされ、また結び方も、相生結び、淡路結び、文結び、千代結びなど、形の美しいものがいろいろとあった。

●コブの調理法

・出し汁

吸い物、煮物の出し汁として日本料理では欠くことができないもので、よく拭いて砂を取り水につけて（水だし）おくか、水から火にかけて沸騰直前に火をとめ、しばらくそのままにしておいてその汁を使う。

・昆布巻き

芯にニシン、川魚、野菜などを用いて昆布で巻き、ゆっくり

図 28　松前昆布（『日本山海名産圖會』）

表8　海草の栄養成分量

栄養成分／食品名（単位）	エネルギー	たんぱく質	脂質	カルシウム	脂肪酸 飽和	脂肪酸 一価不飽和	脂肪酸 多価不飽和	コレステロール	レチノール
	Kcal	g	g	mg	g	g	g	mg	μg
あさくさのり（乾）	173	39.2	3.7	140	0.55	0.20	1.39	21	0
あらめ（乾）	140	12.4	0.7	790	—	—	—	—	0
こ　ぶ（乾）	145	8.2	1.2	710	0.31	0.27	0.28	0	0
わかめ（乾）	16	1.9	0.2	100	—	—	—	0	0

『五訂日本食品標準成分表』（2002年）より作成

味をつけながら煮上げたもの。

・**煮物、おでん、揚げ昆布など。**

・**酢昆布**（**酢じめ**）

●コブの加工品

・**切り昆布**（**糸昆布**）

昆布を細く切ったもので、さらによく乾燥させたもの。

・**おぼろ昆布**

昆布を薄く削ったもの。

・**とろろ昆布**

昆布を厚く重ねて圧縮して、それを削ったもの。

・**松前漬け、塩昆布、佃煮など。**

若布　ワカメ

沿岸にもあり、古くから使われていた。古くは『万葉集』、下っては『日葡辞書』（一六〇三〜〇四年）にも「ｗａｋａｍｅ わかめ」

とある。

神事過ぎ鎌にわかめの汐のさび　一二九・31

和布刈《めかり》の神事といって、福岡県北九州市の和布刈神社および山口県下関市の住吉神社で、毎年大晦日の夜半に干潮になるのを待って、神官が松明を灯して海に入り、海底のワカメ一房刈り取って元旦の朝に神前に供える神事である。この時、鎌についた若いワカメは捨ててしまう。「汐のさび」とはごみのことで、ここではワカメをさす。

乙姫の摘草みるや若和布也　六二・5

磯にくっ付いているワカメなどの海草は、竜宮の乙姫様の摘草用だ。「みるや」は海草のミル（海松）に見るやを掛けている。

●ワカメの調理法

・味噌汁、酢の物、煮物など。

●ワカメの加工品

・煮干しワカメ

海水で洗って干したもの。

・**塩抜きワカメ**

真水で洗って干したもの。

・**湯抜きワカメ**

熱水に通して干したもの。

・**灰ワカメ**

灰をまぶして干したもの（鳴戸ワカメ）。

・**のしワカメ**

水洗いしたワカメを熨斗板に平らに板張りして干したもの。

第三章　川の魚

前章「海の魚」でも、「三里四方の野菜を食べろ」という諺を紹介したが、江戸庶民が食べた魚も基本的には近隣で取れる魚を用いていた。前章で江戸前を含めた海で捕れる魚の特長と扱い方などを見てきたが、本章では川魚の何を、どのように食べていたのか見ていこう。

魚介類は、日本人にとって古くから重要な食材で、特に動物性蛋白質を摂取するためには、なくてはならない食材であった。江戸の主要な川、玉川（多摩川）、隅田川、中川、江戸川や、それ以外にも多くの河川があり、そこには、淡水魚のウナギ、コイ、アユ、シラウオ、フナ、ナマズ、ウグイ、ドジョウ、ハゼなどをはじめとする多種の魚がいてそれを利用していた。例えばウナギは「蒲焼き」、コイは「洗い」、シラウオの「佃煮」などいろいろな料理が開発され、人々にもてはやされ完成していった。

江戸時代に食べられていた淡水魚介類の種類と、『誹風柳多留』などに見られる句の数で、一番多かったのがウナギ、次がコイであって、いずれも四百以上であった。「海の魚」でも述べたように、『古今料理集』（延享三年・一七四六）によると、川の魚介類にも〈表9〉に示す通り、上魚・中魚・下魚の三段階に格付けされていた。食味の良し悪し、扱いやすさや扱いの悪いもの（ドジョウ、ウナギ）などが規準だと思われるが、栄養成分の多いものは必ずしも上魚ではない。ちなみに淡水魚介類の栄養成分を〈表10〉に示した。

表9　江戸時代の淡水魚介類の格付

上　魚	中　魚	下　魚
あ　ゆ こ　い しらうお ふ　な	うなぎ	うぐい どぜう は　ぜ
しじみ	たにし	

（『古今料理集』）

表10　淡水魚介類の栄養成分量

栄養成分 / 単位 / 食品名	エネルギー	たんぱく質	脂質	カルシウム	脂肪酸 飽和	脂肪酸 一価不飽和	脂肪酸 多価不飽和	コレステロール	レチノール
	Kcal	g	g	mg	g	g	g	mg	μg
あ　ゆ	100	18.3	2.4	270	0.64	0.61	0.54	83	35
うなぎ	255	17.1	19.3	130	4.12	8.44	2.89	230	2400
こ　い	171	17.7	10.2	9	2.03	4.67	1.85	86 (260)	4
しらうお	77	13.6	2.0	150	0.34	0.30	0.69	220	50
どじょう	79	16.1	1.2	1100	0.16	0.16	0.22	216	13
なまず	159	18.4	8.6	18	1.76	3.48	1.75	73	70
しじみ	51	5.6	1.0	130	0.13	0.12	0.14	110	14

・こいの（ ）内は養殖の内臓のみ

（『五訂日本食品標準成分』2002年）

現在でも日本人の魚介類に依存している度合いは、諸外国に比べて多く、重要な食材の一つである。料理も、江戸と京都とでは、次のようなことが云える。京料理の主体は野菜で、鮮魚はあまり使われていなかった。江戸の料理の主体は基本的には魚で、海水魚と、淡水魚。他に貝類、海草など多種に亘る。江戸で生まれて、今や日本料理を代表する料理にまでなった、寿司、天ぷら、蒲焼きをはじめ、柳川鍋、佃煮などはいずれも淡水魚、貝類、海水魚を素材にして成立したものである。

鰻　ウナギ

『本朝食鑑』には「凡そ鰻は各地でとれ、就中《とりわけ》江州、勢多《せた》の橋あたりでとれるものをもって第一とする」とあり、江戸の近くでは、「浅草川の産には美味《おい》しい物が多い。その他では利根川、箕輪田、中川、荒川の産で絶勝なものが少なくない」としている。

ウナギは回遊魚の一つで、どこで卵を産むのか定かでない魚であった。しかし二〇〇九年に東京大学大気海洋研究所の塚本勝巳教授を中心とした研究により、産卵場所がグアム島に近いマリアナ諸島西方海域の北赤道海流中にあることがわかってきた。さらには翌年の朝日新聞の報道によれば、「天然ウナギの卵を見つけた」とあり、ウナギの産卵場所がマリアナ沖であることが確かなことになりつつある。

さく事ハおいてうなぎとつかみ合　宝一二松3

素人のにぎりこぶしをうなぎ出る　篭三・6

ウナギはぬるぬるとしてつかみにくい。ウナギを割くためには、まずしっかり握って、まな板へ押さえつけないと割けない。素人の悲しさでへたに握るとウナギは暴れるので、落語ではないが、「行く先は鰻に聞いてくれ」という事態におちいる。その点、鰻屋はつかむ急所をわきまえており、一回でウナギをまな板に押さえつける。

よこさけのするのはしんまひうなぎ賣　明七仁4

新前の鰻売りは、ウナギをきれいに捌けず、身がガクガクになってしまうことをここでは「よこさけのする」といっている。上手になるまでは修業が必要なのである。

はんぎりの中にうなぎはのび上り　八・41

鰻屋では、桶に入っているウナギを割く前に、通常の桶では底が深いため、半切りとよばれる半分ほどの高さにした底の浅い桶にウナギを移す。半切り桶に移されたウナギは、運命を悟ったのか、逃げるチャンスをねらっているのか、しばしば伸び上がって、桶から顔を出すという観察句。たまには逃げ出して、調理場の隅にいることもあり、床掃除をした時に見つかるとか。

図29　鰻蒲焼き売り
（『守貞謾稿図版集成より』）

ぢつとして居ろさとしやれるうなぎ賣　天四礼3

ウナギは半切り桶や篭に入れられているが、絶えず動いているのでつかむことがむずかしいが、ベテランの鰻売りはコツを知っているから、半分冗談まじりに「じっとしていろさ」と言っているのである。

ウナギは大昔から栄養食品として知られていた。『万葉集』にある大伴家持の歌に「やせたる人をわらう歌」として

石麻呂にわれ物申す夏痩せによしと言ふものぞ武奈伎捕り喫せ

とある。「武奈伎」とはウナギのことで、ウナギが夏やせに良いと友人の吉田石麻呂に贈ったものである。ウナギが滋養に効があるのは知られていたが、現在のようにウナギを割いて、タレに付けて焼くような食べ方になったのは江戸時代になってからである。それまではウナギそのままを串に刺すか、ぶつ切りにして、焼いて食べた。「蒲焼き」は文字通りそのまま串に刺すので蒲の穂のようなものであった。そのほかに色が

樺色なので「樺焼《かび》き」、匂いが鼻をつくので「香疾焼《かばや》き」などとも書くがこれは「カバ焼き」からの当て字であろう。

またウナギはヨーロッパや中国でも食べられていたが、蒲焼きは日本独特の食べ方である。京都で考案され、江戸で完成されたともいわれている。ウナギの割き方と焼き方であるが、江戸と京坂とではそれぞれ違っていた。「江戸の背割り、京坂の腹開き」といわれているが、『守貞謾稿』にはまったく反対の方法が載っている。

五の巻の鰻屋の項には（傍点は筆者）

「京坂は脊より裂て中骨を去り、首尾のまま鉄串二五本を横に刺し、醤油に諸白酒を加へたるをつけて之を焼き、其後首尾を去り、又串も抜去り、よきほど斬りて大平椀に納れ出す。

（略）

江戸は腹より裂て中骨および首尾を去り、能ほどに斬て小竹串を一斬二本づつ横に貫き、醤油味淋酒を加へ、之を付て焼き、磁器の平皿を以つて之を出す。」

とあり、同書の六の巻の鰻蒲焼き売りの項には

「京坂は鰻の腹を裂き、江戸は脊をさく也。」

とある。どちらが正しいのかこれだけではわらない。しかし、京坂では腹開きで、江戸は背開きにしていたのが多いようである。どうやら最初は両方とも腹開きにしていたが、江戸では「腹開きは武士の切腹に通じる」ということで、腹開きから、背開きに変わったという説が多い。

焼き方も江戸と京坂とでは異なっていた。江戸では、開いて頭と尾を落とし、二つに切り竹串に刺して白

図30　蒲焼き店（『近世職人尽絵詞』）

焼きにした後に、蒸してからタレを付けながら焼き上げる。京坂では、長いまま金串に刺して直接タレを付けて焼き、焼き上げてから頭と尾を落とす。

また、蒲焼きの売り方も異なっていたようで、『守貞謾稿』には、

「京坂は諸具ともに担ひ巡りて、阡陌《せんぱく》に鰻をさき、焼て之を売る。江戸にては、家にて焼たるを岡持と云う手桶に納れ、携へ巡り売る。蓋京坂大道売のかばやきは、大骨を去ず、江戸は大骨を除き去《さり》て、一串十六文に売る。又江戸上製鰻店に非ずして、市民の「軒下」等に床等を置き、之を売る者あり。これを大道さきの鰻と云い、賤価なり。」

とあり、さらに「京阪、鰻蒲やき一種のみを売《うる》店」がないとある。ただし大坂に一軒だけ例外の店があるが、江戸では鰻専門の店がはやり、京坂ではそのような店がなかったことがわかる。

値段は、京坂で「大、価銀三匁、小二匁」、江戸では「大一串、中二三串、小四五串を一皿とす。各価二百銭。天保府命後、百七十二文に売る家もあり」とある。夜鳴きそばが一杯十六文だったことを考えると、「上製鰻店」のウナギは庶民にとっては高価な食べ物であった。

それでも「上製鰻店」ができるまでにウナギがもてはやされたのは、土用の丑の日にウナギを食べれば、特に滋養に効があるといわれたのも原因かもしれない。土用の丑の日にウナギを食べるというのは、平賀源内（一七二八～七九）がウナギ屋に頼まれて「本日土用丑の日」と書いて、これを貼ったのが始まりとか。

はたして客は来たか？　というと、これが来たというのである。そこで丑の日にウナギを食べる習慣ができたとか。ただしこの話は、鰻屋の宣伝であったかもしれない。しかし実際に土用丑の日には鰻屋は大忙しだったようだ。丑の日には江戸前鰻だけでは足りないので、地方から篭に入れて江戸へ運んだ。

文政五年（一八二二）に書かれた当時の風俗を描く『明和誌』には

「近き頃、寒中の日にべにをはき、土用に入り丑の日に鰻を食す。寒暑とも家毎になす。安永・天明の頃（一七七二〜八九）よりはじまる。」

とあって、土用の丑の日にウナギを食べることが広まったのはこの頃からといわれる。

丑の日に篭でのり込む旅うなぎ　七三・14

江戸前のウナギは、江戸の各川でよく捕れる。水がなくてもウナギは生きているので、遠方から篭に入れて運んだ。それを旅鰻といった。

辻焼きのうなぎはみんな江戸後ろ　一〇五・38

辻で焼いている屋台のウナギは、前句に出てきた旅ウナギで、地方から運ばれてきたものだろう。江戸前にくらべて地方のウナギは安く仕入れることができた。旅鰻は一段味が落ちるといわれていたためである。江戸前ではなく江戸後ろのウナギというわけだ。

江戸ならば江戸にしておけ安鰻　一一二・8

辻売りの安いウナギでも、江戸で今売っているのだから、江戸前のウナギでよいではないか。それも理屈である。

土用丑のろ〳〵されぬ蒲焼屋　七四・21

蒲焼き屋は、一年中で一番忙しいのが、土用丑の日。のろのろしているわけにはいかない。休みなく割いて、焼いて、盛りつけてと忙しい。

呼べどこず口に土用のうなぎ飯　一四三・30

土用の丑の日に料理屋へウナギを食べに行ったが、かき入れ時とあって注文してもなかなか口に入らないのだろう。

ウナギはレチノール（ビタミンA）や蛋白質が多く、油脂にはDHA（ドコサヘキサエン酸）を含み、ハイエネルギー食品で、老化を防ぐ効果もある。ウナギに効能があったことは川柳でも詠まれている。

のらくらとした子に鰻薬也　五九・38

ウナギはのらくらしているが、子供はのらくらしては困る。子供をしゃきっとさせるため、ウナギを食べさせる。ウナギは栄養が豊富に含まれているので、元気になる薬の役目を果たす。

鳥目病む娵《よめ》も鵜呑みに鰻肝　糸口上・82

ヤツメウナギの肝は、トリ目（夜盲症）によく効くという。それを聞いた姑がウナギの肝をトリ目になってしまった嫁に飲むように勧めた。嫁は気持ちが悪いと思いながら目のためにと、一気に呑み込んだ。

ウナギは四十八回裏返して焼くと云われている。タレを付け、返しながら焼く。ウナギから出る脂で煙が出るが、油煙がウナギに付くと味が落ちるので、団扇を使い煙を追いやる。焼く時に良い匂いが出て食欲を誘う。弘化四年（一八四七）の『神代余波上《かみよのなごり》』には「いかさまにも天下無双の美味なるが上に、諸病を治し、腎精を補ひ、気力を益す和漢百薬の長なり」とあり、文化初期から鰻屋は増え「むかしは、今の如き所々にあまたはなかりき。尾張町の大和田、小船町の山利などと、つぎ〱に出来た」とあってウナギの人気が高くなっていたのが分かる。ウナギの蒲焼きは江戸人の嗜好にかなったようで、大人も子どもも好んだ食べ物であった。

うなぎやの隣茶漬けを鼻で喰ひ　一一一・4

落語の「吝嗇《けち》と鰻屋」の話にあるように、鰻屋の付近で、その匂いをおかずにご飯を食べている人に、鰻屋の主人が匂いの代金を求めた。求められた人は、金入れを出してそれを振り、金貨のぶつかり合う音を聞かせた。これでいいだろう。自分は蒲焼きの匂いを鼻でかいただけだから、今度は、金貨の音だけ聞かせてやったから同じだよ、という落語どおりに、鰻屋の隣家では、きっと蒲焼きの匂いを、おかずにお茶漬けをおいしく食べているだろう。

鰻ばかり先きへくふなと母しかり　傍一・27

鰻丼でも食べているのであろう。ウナギばかり食べないでご飯も一緒に食べなさい、と母親に叱られている。子供にすれば、美味なウナギを先に食べてしまいたいのも無理もない。

子供みな飯を鰻のさいに喰ひ　一四一・24

ご飯の「さい」（菜・おかず）がウナギなのに、子供はその逆で、ウナギを食べるために、ご飯をついでに食べているようなものである。

釣って来たうなぎ是非なく汁で煮る　傍四・23

ウナギを釣ってきたのはいいが、素人ではウナギは裂けないし、また蒲焼きのタレもない。しかたなく、ブツ切りにして汁の中に入れて煮て食べた。

江戸鰻飯
百文ト百四十八文、二百文。
図ノ如ク蕣《あさがお》形ノ丼鉢ニ盛ル。鉢底ニ熱飯ヲ少《すこし》ヲイレ、其上ニ、小鰻首ヲ去リ長サ三、四寸ノ物ヲ焼キタルヲ五六ツ並ベ、又、熱飯ヲイレ、其表ニ又右ノ小鰻ヲ六、七置ク也。小鰻骨ヲ去リ、首モ除キ、尾ハ除カズ。
文久ニ至リ諸價頻《しき》リニ騰揚《とうよう》シ、鰻魚モ亦准之ニヨリ、此丼飯ト云物モ、百銭、百四十八銭ヲ賣ル家ハ最稀トナリ、大略二百文ノミトナル。
江戸鰻屋ヨリ、諸戸ニ蒲焼ヲ運ブ。多ク図ノ如ク黒塗手桶ニ入レテ携フ。蓋《ふた》ノ下ニ白紙一枚ヲ挾ム。京坂ニテハ、大平椀《おおひらわん》ニテ運ブ。

図31　江戸鰻飯（『守貞謾稿図版集成』より）

●ウナギの調理法

・鰻丼

『守貞謾稿』によれば

「京坂にて「まぶし」、江戸にて「どんぶり」と云。鰻丼飯の畧也。京坂にては生洲等に兼賣之。江戸にては右の名ある鰻屋には不レ賣レ之。中戸以下の鰻屋にて兼レ之、或は専レ之。」

とあって、かば焼きよりも庶民には手の届きやすい食べ物であった。この「鰻飯」は「丼の飯へうなぎのかばやきをさしはさみたる」とあるように丼へ熱い飯を盛り、飯の間にウナギを置いてさめないようにしたものであった。

鰻めし菩薩の中に虚空蔵　一一〇・32

菩薩は米の異名、虚空蔵《こくうぞう》は虚空蔵菩薩で、その使わしめがウナギでウナギの代名詞となる。つまりご飯の中（飯）にウナギが埋めてあるというのである。京坂のまむしどんぶりのこと。現在の鰻丼式なら「菩薩の上に」となる。

鯉　コイ

『本朝食鑑』に「昔から鯉は魚の主《あるじ》とされており、したがって後人はこれを諸魚《ぎょるい》の長としている。（中略）

諸州でもとれるが、その味の良し悪しは未だよく知《わか》らない。今、江東《かんとう》で賞しているのは、江都《えど》の浅草川のもの、常州の箕輪田《みのわた》の鯉である」とある。浅草川とは、隅田川の吾妻橋（大川橋）あたりから浅草橋近辺までの別称で、大川とか、宮戸川とも言った。

また、『続江戸砂子』（享保二十年・一七三五）によると、江戸川（神田川上流）の隆慶橋《りゅうけいばし》辺から中の橋の間を「御留川」とよび、漁師の立ち入りを禁じた禁漁区とし、将軍家の御料として鯉を飼育していた。従がってここで捕れた鯉は「御留鯉」といい、さらに色が紫（金紫色）のものは別名「むらさき鯉」といわれ珍重されていると書かれている。『江戸名所図会』（天保七年・一八三六）にも、「むらさき鯉」は美味で江戸のコイとして名産であると記されている。

むらさきの鯉は濁らぬ橋の下　二八・5

この江戸川は神田川上流のそれ。「濁らぬ橋の下」とは、隆慶橋（りゅうけいばし）と石切橋（いしきりばし）の二つの橋は「ばし」と濁るが、間の中の橋（なかのはし）は濁らない。むらさき鯉とは中の橋周辺のものを言った。

また文化・文政期に幕府が編した『新編武蔵風土記稿』には、江戸川や荒川のコイに関して、「江戸川の産を利根川鯉と呼て名品とす、利根川は江戸川の古名なればなり、此途中川辺にも多し」とか、「荒川より出づ、味殊に美なり、土人すべて荒川鯉と云、多くは江戸に運びて土地にても甚少し」と記され、淡水魚の中でもよく食べられた魚である。

コイにすぐれた栄養成分が含まれていたことは古くから知られていたようで、『徒然草』の百十八段には「鯉の羹食ひたる日は、鬢そゝけずとなん。膠にも作るものなれば、粘りたるものにこそ」とあり、コイを食べると髪が乱れないほど精が強いと書かれている。古来「産後のコイは百万力」、「コイの生き血を飲むと精がつく」、「コイを食すると母乳の出がよくなる」などと言われて、川魚の中でもコイが強壮・滋養によいとしてよく利用されていた。

太郎からびんのそゝげぬ男出る　一六・37

太郎とは、鯉料理で有名な向島の「葛西太郎」という店の略称である。葛西太郎で鯉料理を食べて出てきた男性の頭の左右側面の鬢が乱れずきちんとしていた。「そそげぬ」は鬢が乱れていないということになる。コイに含まれている膠質《にかわしつ》の成分のためであろうか。

髪結ハ鯉をくわないやうな髪　傍一・31

「髪結、髪を結わず」という言葉があるように、人の髪はきれいに結い上げるが、自分の髪は手入れもしない油気のないばさばさした髪をしていたのだろう。前句のように鯉料理を食べると、髪がしっとりして「髪結、髪を結い」になるかも。

鯉が利き滝のごとくに乳が出る　五三・26

コイを食べると、母乳がよく出るようになるという。「滝のごとく」とは少しオーバーに表現されているが、「鯉の滝登り」にかけたものか？　コイには蛋白質、脂質などすぐれた成分が多く含まれており、まさに諺のとおりである。

出ぬ乳へ鯉をしかけて滝となり　　**苔翁宝一三風1**

鯉を喰ふ母滝ほどに乳のひゞき　　**新三三・21**

いずれも、前句と同じで、コイを食べると母乳がよく出るようになるという句である。

●コイの調理法

必ず活きているものを用い、死んだものは使わない。

・鯉こく（コイの味噌汁）

苦玉（肝）以外すべて使う。うろこごとぶつ切りにして、ゆっくり煮込むことが第一である。

・洗い

古くから行われており、井戸水に十分にさらした、夏の料理であった。食べ方も時代とともに変った。

・煮付け

・生血の抜き方

尾の下から四段目のうろこの部分に包丁を入れ、中骨まで切り込み、切り口を曲げて酒を入れた器の中にしたたらせる。血はそのまま飲む。強壮剤で、乳の出をよくするといわれた。

コイの料理としては、「鯉こく」や、「洗い」が主流をなしていた。八百松、植半、葛西太郎など向島付近の料亭では、コイをはじめとする川魚料理を売りものにするものも多かった。

『守貞謾稿』には「洗いと云うあり、作り身、刺身の類を冷水にて洗い食す。これは江戸も不列に盛る。洗いには鱸を好しとす。また鯉の刺身を洗う（略）けだし洗いは夏用なり」とある。コイの「洗い」は、うす切りにしたものを、冷水でさらし、当時は井戸水を上から勢いよく掛けて作った。脂を取り魚肉をしめ、さっぱりさせたものである。縮んで身が小さくなるほど水を大量に使った。諺には「さしみといえばこい、こいはさしみにかぎる」ともあり、コイ料理では「洗い」が一番と云われていた。

洗ひ鯉又うたれてる杓の瀧　梅一三・25

滝水にはねた手ぎわのあらひ鯉　八一・13

洗鯉つるべの滝にまたうたれ　一〇四・33

洗ひ鯉わさび醤油の方がふへ　ケイ一六甲・7

コイの「洗い」は酢味噌や辛子味噌で食べられていて、わさび醤油では食べなかったが、食べ方にも変化が生じて、ある時期からは「わさび醤油の方がふえ」たとある。よほどめずらしく思えたのであろう（今はわさび醤油が普通である）。

そのほかにコイの料理法やコイの扱いについては次のような句がある。

あばれ鯉紙で目隠しすると止み　新二九・9

コイは、ちょっと触れただけでもあばれるというほど、よくはねる。あばれないようにするには、目隠しをするとよい。和紙を四つ折にして、コイの頭に巻き、紙の端を挟み込んでおけばよい。布巾を使ってもよい。

鯉をみな熊の膽にする下手料理　新五百上・27

コイの肝（苦玉ともいう）を潰すと、魚肉全部が熊胆《くまのい》のように苦くなってしまい、食べられないものとなる。また、コイの肝は潰すと肉は黄色になる。

はらわたも取らぬ鯉だとこけは言い　一二　三・58

「鯉こく」は前述のとおり内臓も鱗も取らないで、つつ切りにして味噌でゆっくりと時間をかけて煮るので、鱗や骨まで食べられる。「こけ」は虚仮《こけ》を指し、思慮の浅い人、馬鹿な人のことをいう。ここでは、「虚仮」がコイの内臓も取らずに煮たといっているが、よく煮込む場合は、腸も鱗（こけ）も取らないで煮る。虚仮（こけ）と鱗（こけ）が掛っている。

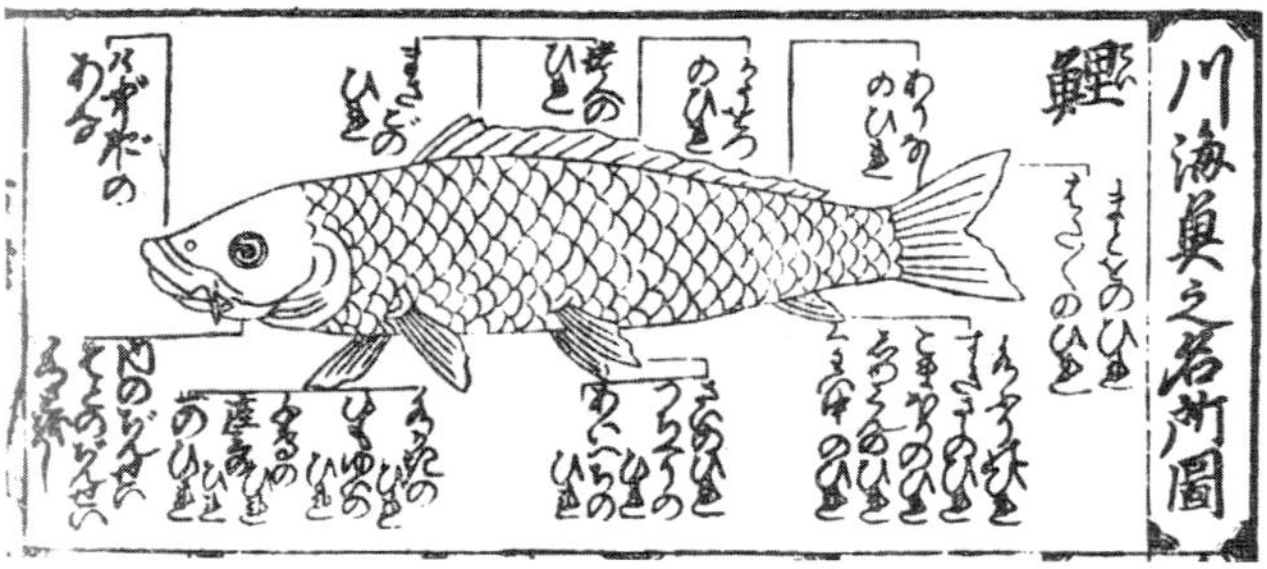

図32　魚類名所・鯉（『節用料理大全』）

料理人とぐうち鯉をおよがせる　三・21

釣り上げたコイは独特の「泥臭さ」があるので、料理前に真水の中で二、三日いわゆる「泥吐かせ」をしてから食するとよいといわれていることから、料理人は少しの時間でも水の中に入れ「泥吐かせ」をする。しかしコイの方からすれば、哀れ包丁を研ぐ間だけの命であるということになる。

鯉料る臂《ひじ》包丁の肝を見せ　保一四一安・18

前述のようにコイ料理は肝（苦玉）を潰してはいけないので、肝を潰していないことを見せて安心させている。

鮎　アユ

『本朝食鑑』に「細鱗魚。『日本紀』。年魚《ねんぎょ》。同上。銀口魚」と記されているように、古代から食べられてきた魚で、鮑と同様に「贄鮎《にえあゆ》」と呼ばれ、各地から朝廷や伊勢神宮に献上された神饌のひとつであった。

アユが古くから「年魚」と書かれたのは、秋に河底に産卵し、孵化した稚魚は海に下って成長し、越年して春にはまた河川に上る。これが成長して産卵後死ぬことからきている。『日本書紀』仲哀九年四月条の神功皇后の説話のなかで、新羅征討の成否を占ったときの魚がアユであり、「鮎」がアユになったのかもしれない。もともと「鮎」はナマズを指していた。

図33　梁でのアユ漁（『肥前州物産図考』）

江戸時代に入ると、江戸近郊の玉川（多摩川）のアユが非常に有名となり文政三年（一八二〇）の『武蔵名所図会』に「玉川の漁《すなどり》は鮎を以て名産とす。秋の彼岸に至れば、府中より西の方、川上は三田領に至るまで、この川より御採鮎《ぎょさいあゆ》捕生を命ぜられて、川附きの村々より公へ奉ること年毎に同じ。玉川の鮎は相模川の鮎などとは違いて、調味もまた勝れたるゆえ、御採鮎御用となる。公へ奉る鮎は鸕鷀《うのとり》を以て捕らず、網を以て漁し、その生を破らざるを第一とし、これを生簀に養いて、御用のとき日を違えず奉る。」

とある。さらに魚の大小を選び、五寸有余を定格としていることなど細かく記している。

アユも成長過程で呼び方が異なっており、冬の氷魚《ひうお》はアユの稚魚。そして小鮎・汲鮎《くみあゆ》となり、若鮎・のぼり鮎は春のものとなる。落鮎・さび鮎というのは、『本朝食鑑』に「腹に子をいっぱいもっている時は、背に白斑が生《で》き、皮が爛れたようになっていて、鏽鮎《さびあゆ》という。これは魚が老いおとろえたのである」とある。

アユの錆色と玉川を合わせて詠んだ川柳も多い。

玉川に錆《サビ》のうくのは鮎ばかり　一〇八・27

玉川の秋は景色も鮎も錆　一二五・8

この二つの句は、秋の玉川の錆鮎の句である。秋の玉川はきれいな水が流れ、紅葉の色も映える。

ところが玉川にはアユがたくさんいるため、秋になるとアユが銀食器の錆びた色となり、刀が錆びたようなかたちに見える。落ち葉も流れて錦のような玉川だが、アユばかりは少々美しくない。しかし、この頃のアユもまたおいしい。

玉川の鮎岩角に錆を磨《とぎ》　一五五・34

アユは、玉川にある石の間を縫うように泳いでいる。石に付いているコケを食べるので、魚体を石にくっ付けるように近づけている。その光景はアユが錆を落とすよう（包丁や刀の錆を研いで落としているよう）に見えるという意。

「御菜鮎」として指定された数量のアユを上納してしまえば、他は自由に売りさばけたので、「玉川の鮎」は一般の人々の口にも届いたようである。夏の土用過ぎから彼岸頃までが季節で、その頃になると玉川付近から、江戸までよくアユを売りに来た。

玉川そだち江戸っ子の口に鮎　こと玉上・56

玉川（多摩川）で育ったアユを江戸の人々は好んで食べていた。

●アユの調理法

産卵のため川を下る子持ちアユが喜ばれた。アユは塩焼きにして、タデ酢で食べるのが最もよい。「のぼりぐし」、「うねりぐし」などとよび、ぴんと尾をはねた姿に金串を打ち、ひれに化粧塩をして焼く。化粧塩は、焼き上がったときにひれや尾をきれいに見せるためで、盛り付ける時は、蓼の葉を一尾一枚の割合で残しておいて上に飾り夕デ酢で食べる。夕デ酢はたっぷりの青蓼の葉をすりつぶして酢と合わせて作る。また、焼き干にして保管し、後に甘露煮にして食べていた。アユ料理は多数あるが、アユの「なれずし」は現代の寿司の原形である。

若鮎の串焼ヤハリ登る様　梅一九・30

塩焼きの串のうち方で「のぼりぐし」とよばれているが、口から串をうつのである。保存のために串のまま縄に吊るして干す様子を詠んでいるが、その時は頭が上になって尾が下になるのである。

八九寸焼鮎串に枯れた秋　歌羅衣四・27

秋になり大きくなったアユの串焼きの状態を詠んだもので、「枯れた秋」とは水分が少なくなった状態を表している。

焙烙蒸で腹を裂く子持鮎　一三三・4

焙烙とは素焼きの平たい器のことで、それにアユを並べ、蓋をして蒸し焼きにするので、中の状態は見えない。ちょうど良い状態を見極めるのはむずかしく、焼きすぎると、子持鮎の腹が割けてしまう。

鮎も気長に手のかかる鍋　歌羅衣八・7

アユを煮る場合は、一度干したものを用い、火加減は弱火で、とにかく気長にゆっくり煮ることによって、骨まで全部食べられるようになり、味もおいしい。

●アユの加工品

・鮎のなれ鮨

すでに平安時代にあったことが、『延喜式』巻二四の主計式諸国中男作物から分かる。諸国からの貢進物のなかに「鮨年魚」「年魚鮨」の語があり、また「押年魚」というのものもある。この二つが同じ国の貢進物に指定されているということは、別物と考えられるが、「鮨年魚」「年魚鮨」がなれ鮨か。「押年魚」は備前国以西に多い。そのほかにも「煮鹽年魚」「漬鹽年魚」「火乾年魚」「煮乾年魚」などが貢進物となっている。

・ウルカ

アユの内臓の塩辛は、ウルカとよばれた。産卵期の秋に作るもので、腸または子を塩漬けにしたのであるが苦味がある。

白魚

シラウオ

江戸名物といわれたシラウオは、江戸開府前には隅田川から近海にかけてはあまりいなかったようで、江戸時代初期に尾張国の名古屋浦から持ってきたものを繁殖させたようである。一説には天正十八年（一五九〇）の徳川家康江戸入府とともに、摂津国西成郡佃村の漁民たち三十三名を移住させ漁業権を与え、返礼に幕府に魚を献上することになったともいわれている。詳しいことは分からないものの、実際にシラウオは、まず江戸城に献上され、その後に各大名の所へ、その残りを庶民が食していた。

シラウオを醤油で煮たものが佃煮の語源となったという佃島の歴史についても諸説があるようだが、佃村の漁民が、シラウオと共に江戸石川島の近くに移り住み、シラウオを増やしていったといわれている。その後、鉄砲洲の沖合いを埋め立てて、人工島を作り、佃島と呼ぶようになったのが、正保元年（一六四四）のことであった。

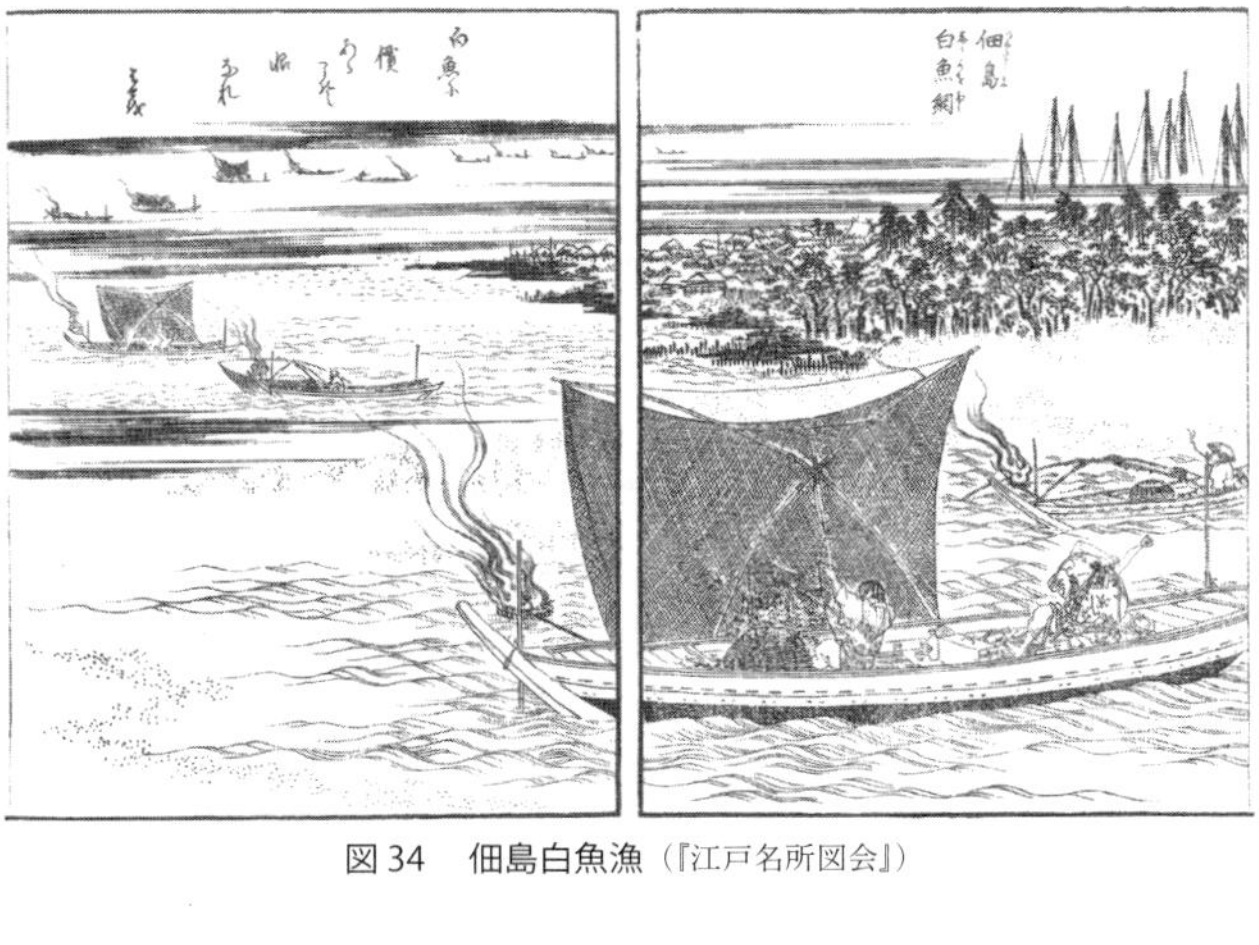

図34　佃島白魚漁（『江戸名所図会』）

佃島の漁師というとシラウオ漁が連想されるが、佃島周辺から隅田川河口のシラウオ漁は「白魚役」という別の漁師が漁の権利を持っていて八丁堀北紺屋町に「白魚屋敷」があった。佃島の漁師は近辺ではシラウオ漁ができず他の河川までいってシラウオを捕っていた。この関係で「白魚役」と佃島の漁民の間では、漁業権をめぐって訴訟沙汰になっていた。

しら魚ハ御代に叶いし御献上　三三・35

シラウオの頭には、葵（徳川家の家紋）らしき模様がある。句の意味は葵の紋があるシラウオを献上することは、まことに御世にかなったことである、という意。

白魚は鯛も及ばぬ屋鋪持　露丸明二孝3

御江戸でハ白魚迄が屋しき持　ケイ二七・50

二つの句は「白魚屋敷」をシラウオが持っていたという句。徳川家康が征夷大将軍となり幕府を開府する以前から、江戸には「白魚役」といってシラウオの季節のみ漁を行い、捕れたシラウオを徳川家に差し出していた。この白魚役の人々の助成のために作られたのが「白魚屋敷」であった。

白魚の種もこぼる、角田川《すみだがわ》　眉斧日三・22

徳川家康が江戸入府のときに、尾張国から一緒に来た漁民たちは、シラウオの卵を携えてきた。それが「角田川」で繁殖して多くなったことを詠んだ句。

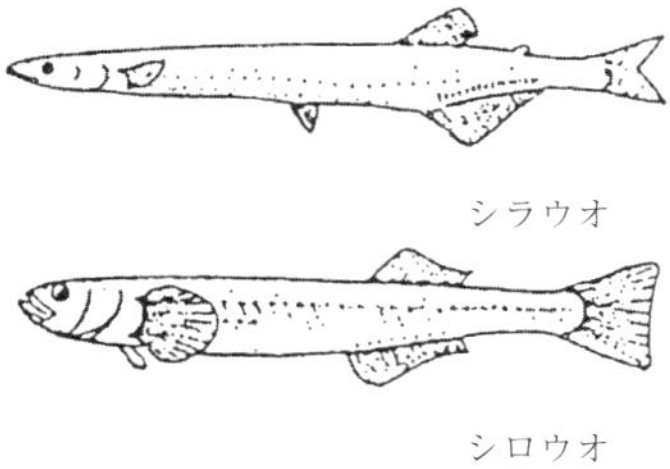

図35　シラウオとシロウオ（筆者図）

白魚も一寸八分宮戸川　七一・1

シラウオの大きさは一寸八分（約六センチ）で、浅草寺の観音様の寸法も一寸八分。昔宮戸川で漁師が見つけた観音様の寸法と、漁で捕れるシラウオの長さが一緒だという句。

さて、そのシラウオだが「白魚」と書くと「シラウオ」か「シロウオ」かと、しばしば議論され混合されやすいが、実際はシラウオとシロウオはまったく異種の魚である。シラウオはニシン目シラウオ科の魚でサケやマスの親戚にあたる。一方シロウオはスズキ目ハゼ科に属する。しかしこの呼び名は標準和名であって、地方によってはまったく反対に呼び、シロウオをシラウオと呼ぶところもかなりある。

このシラウオの特徴を詠んだ川柳もある。白い魚体に小さな黒い目があり、それがよく目立ったようである。

白魚の目は楊貴妃のほくろ也　七一・1

シラウオは半透明であり、目立つのは目の小さな黒点のみである。そのシラウオの目を、絶世の美人とされた楊貴妃のホクロにたとえ、シラウオの優美さを詠んだ句である。

しら魚の目ほど御灸の跡がつき　幸々明八風1

「しら魚の目」とは、小さいという代名詞。お灸のあとがシラウオの目ほどしかつかないということは、お灸をした人が上手なのであろう。「灸」はモグサを肌の局所に乗せてこれに火を点じて焼き、その熱気によって病を治療すること。やりとともいう。赤黒いあとがつく。

シラウオ漁は隅田川や佃島近辺で、毎年十二月二十日頃から翌三月の雛の節句の頃まで毎日行われて、将軍家の食膳用に献上されていた。シラウオは早春の頃川を上り、産卵し、稚魚は秋になって海に下る。「月も朧《おぼろ》に白魚の、篝《かがり》も霞《かす》む春の空」と歌舞伎の『三人吉三』大川端の場の名セリフにもあるように、隅田川白魚漁の篝り火は江戸早春の風物詩でもあり、春を告げるものであった。

夜や寒く白魚に出る佃嶋 二六・31

前句でも述べたが、白魚漁は、十二月の下旬から三月の初め頃の夜の十時から早朝にかけて行われる。つまり一年中で一番寒い時期の最も寒い時間帯に行われる漁となる。寒い夜に白魚漁のため佃島の海に出るところを詠んだ句。この句は住吉明神の神詠とされる「夜や寒き衣や薄きかたそぎの　ゆきあひのまより霜やをくらん」の文句取り。住吉神社は佃島の氏神の縁。

漁火のチョボ〳〵見ゆる佃沖 九四・19

白魚漁は、夜間の漁なので必ず篝火をたいて行った。シラウオと直接詠んでいないが、「佃沖」で漁火をつけているのは白魚漁だけである。「チョボ〳〵」のチョボはシラウオの数え方で二十尾を指す。遠い漁火が点景のようにポツポツと見えるのと掛けている。

よつでに一ツ白魚の二日月 一〇一・32

シラウオは、四つ手網で行う。月の大小、雨風に関係なく、白魚漁は行われたといわれている。

二日月とはごく細い月のことで、そのさまがまるでシラウオのようであるという句。

春の吸もの品川と佃島　七五・27

新春の吸い物の椀種は、海苔とシラウオである。品川で採れる浅草海苔と佃島で捕れるシラウオとで吸い物椀を作った。どちらも冬が旬で、海苔は寒海苔をよしとする。新海苔と捕れたてのシラウオの組み合せで新年を感じさせる。

シラウオは産卵すると死ぬが、死ぬと急激に味が落ちる。それが生きたまま手に入るため「やはり江戸前に限る」と江戸っ子は言っていたという。白魚売りを詠んだ川柳もあるが、初鰹の威勢のよさとはまた違った雰囲気のようだ。食べ方としては海苔と一緒に鮨にしたり、卵とじ、焼き物は小さすぎるために串に刺して焼いたので筏やきの名がある。残ったシラウオは、醬油で煮つめ、自家用にしていた。シラウオは江戸で珍重された魚であるが、江戸時代も後期になり多量に捕れるようになってからは、これを「佃煮」と名付け販売する店も出てきた。保存が利き、安価なことからよく売れた。

この佃煮を武士が参勤交代で国へ帰る時の土産として持ち帰ったため、江戸名物として全国に広まった。佃煮については文政十二年（一八二九）ごろの国語辞書ともいえる『俚言集覧』に記録されているので、それ以前からのものと思われる。

佃煮のもとは、都春錦《としゅんきん》と時雨煮《しぐれに》であるといわれている。時雨煮はハマグリを煮たもので、この時雨煮はまた都春錦よりヒントを得ているといわれている。都春錦とは、江戸で考案された煮物の一種である。野菜類をはじめ貝や小魚、とり肉など色々な材料を小さく切って、味濃く煮たものである。この名は色々な具材が入っていることから、『古今和歌集』素性法師の「見渡せば柳桜をこきまぜて都ぞ春の錦なりけり」という歌にちなんでつけられたといわれている。

箸の棹さす白魚の筏やき　一〇九・5

小さな魚を焼くときに、数尾並べて頭に網串を打って焼く。これを筏焼きという（筏の形に似せて料理したもの）。木材の筏にたとえて「箸の棹」とした。

白魚も君と肌ふる玉子とぢ　一一三・17

「君」は黄味で卵黄のこと。シラウオの「玉子とじ」を作っているところを詠んでいる。卵とじは、卵の白身と卵黄、そしてシラウオをよく混ぜると上手にできる。卵黄とシラウオがうまく混ざっていることを「肌ふる」といっている。

一別以来白魚は海苔に逢ひ　一四一・21

海苔は江戸湾で採れた浅草海苔。シラウオも同じ江戸名物。共に水の中で育ったものが、陸に上って「鮨」になって、また一緒になった。

このように江戸でもてはやされたシラウオも、『守貞謾稿』に「京坂には白魚これなし、たまたま枯魚あるのみ」とある。「枯魚」は干物をいう。また『浪花の風』にも「白魚も、霜月頃より三四月頃迄多く出れども、これも味ひは江戸に及ばず」とあり、京坂ではシラウオはあまり食べられていなかった。

●シラウオの調理法

・椀種、鮨、卵とじ、焼き物

●シラウオの加工品

・佃煮

鮒　フナ

『本朝食鑑』によると「紅葉鮒《もみじふな》。俗名。源五郎《げんごろう》。同上。苦鮒《にがふな》」の三種類があるという。モミジブナというのは、秋の終わりにかけての紅葉のころ、この魚の肉が厚く腹の子が多く、味が最も美味なことからこの名がつけられた。ニガブナとは、若鮒のことで、小鮒の類で、味に苦味があるのでこの名がある。ゲンゴロウブナは、琵琶湖に産するものが有名であるが、琵琶湖だけでなく各地に生息する。源五郎という漁師の名前からつけられたらしい。

江戸では、川魚料理屋「葛西太郎」が有名で、フナをはじめコイ、ドジョウ料理などに人気があった。『本朝食鑑』にもフナは「鱠《なます》につくっても佳く、炙《あぶりやき》にしても佳く、鮓《すし》にしても甚だ好い。よく煮込んだかんろ煮や、昆布巻煮もよい」とある。また正月料理として、昆布巻煮や甘露煮はよく供された。

いそがしさ鮒に正月ものを着せ　**二八・24**

暮れは何かと忙しい。「鮒に正月ものを着せ」とは、フナの昆布巻きのことである。小鮒を芯にして、幅広い昆布で巻き、カンピョウで結ぶ。これに味をつけながらゆっくりと煮込んで、正月料理の一つにする。年の暮れの風物誌である。

竹串に留るハ鮒のすゞめ焼　**一二二別・5**

「すゞめ焼き」は雀焼きのことで、小振りなフナを背開きにして竹串に刺し、みりん醬油でつけ焼きしたもの。焼いた形が雀に似ていることからこの名がつけられた。「留る」は動かないことをいう。

大鮒を二日煮て居る年の暮　**ケイ六・60**

正月になってから食べるためのフナの姿煮である。大きなフナを暮れに二日がかりで煮ているところ。煮てはさまし、さましては煮るを繰り返し、弱火でゆっくり煮ることで形が崩れず、骨までやわらかくなり、味もしっかりとつく。

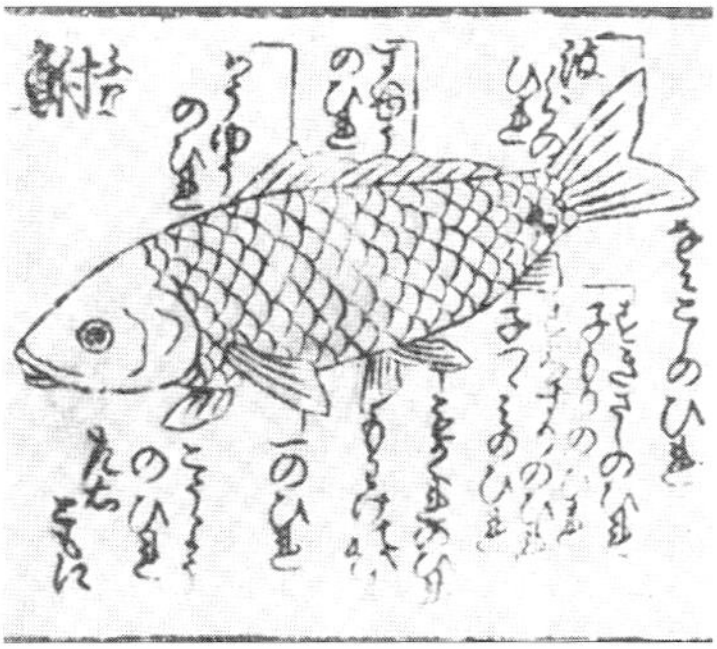

図36　フナ（『節用料理大全』）

●フナの調理法
・鮒鮨、刺し身、鱠、子付鱠（刺し身に卵をまぶしたもの）
●フナの加工品
・かす漬け、醤油漬け、干物

鰌　ドジョウ

『本朝食鑑』に「川沢・溝塹《みぞ》・田水の間に住んでいる。浅流に能く泛《うか》び、深い泥に能く潜る。（中略）涎《ぬめり》は甚だ多く、粘り、ぬめぬめし、疾《すばや》くて握りにくい」とあるように、平野部の浅い池、沼、水田、水路などの泥底に生息する。よく底に潜り、とくに冬期にはわずかに湿気のある泥底に潜って越年するものもある。古くから食されていたが、江戸時代になるまでは、文献にはほとんど表れない。『本朝食鑑』に「味は最も鮮美である」とあるのみである。

ドジョウは、柳川鍋ができるまでは、味噌汁や丸鍋、なれ鮨などにしていたので女性には人気がなかった。嫌われていたといってもよいくらいである。

ドジョウ汁は生きたドジョウと酒を鍋に入れ、ふたをしっかり押さえ火にかける。ドジョウが苦しくなって飛び跳ねる。静かになったところへ、味噌汁の場合は、水と味噌を入れる。女性にとってはドジョウの動きとぬるぬるした状態を気味悪いと思うし、殺し方が残酷と思われたことが原因であろう。ドジョウの川柳の大半は、ドジョウ汁を作る様子を表したものである。

なべぶたへちからを入れるどじゃう汁 安七義4

中でドジョウがあばれるので思わず、ふたを持っている手に力が入る。やがて静かになるので火を止める。その後は味噌汁、ドジョウ鍋、柳川鍋などにする。「上下へさはぐどぢゃうのなべぢごく」（家紋日・21）のような句もある。

とじやう汁女房となりへ行って居る 安九礼2

「ドジョウ汁を作るよ」と言うと、その間、女房はとなりの家へ行ってしまう。女は、生きているドジョウを煮殺す残酷さに耐えられない。

煮たまゝで女房つき出す鰍《どじょう》汁 二八・13

これは、女房がドジョウ汁を作ったものの、盛り付けることはしなかった。煮た鍋のまま「さあどうぞ」と。丸のまま煮た形がグロテスクなので、いやなものを出すように、亭主に渡したのである。

どじやうをばお前ころせと女房いひ 七・17

精力のつくものとわかってはいるが、亭主が「ドジョウを買って来たよ」と言うと、すかさず女房は「わたしは食べないよ。お前さんが食べるのだから、自分で料理しておくれ」と亭主に言い、料理しようとはしない。

こわそうにどじやうの枡を持つ女　初・3

ドジョウは枡で買っていた。枡を持つと中のドジョウが上を下へとあばれて、時にはこぼれ出たりする。「こわそうに」とは、ドジョウがあばれている様子と、その見た目が悪く、気味が悪いためおっかなびっくりで持っているからである。

しかし〈表10〉でも分かるように、そのまま一尾食べることによって、蛋白質をはじめ、日本人に不足がちなカルシウムの給源としては、とてもよい食材であった。そのほか不飽和脂肪酸も多く含まれていることから、現在注目されている食材の一つである。当時の人にも分かっていて、江戸時代、ドジョウには強精作用があると信じられており、井原西鶴の『好色一代男』（天和二年・一六八二）にその例を見ることができる。床の責道具《せめどうぐ》の項に、「さて台所には、生贄に泥鰌を放ち、ごぼう、山芋、卵をいけさせ……」とある。夏バテ予防にもウナギに変って、ドジョウが庶民の間で食べられていたということは、体が知っていたということであろうか。

『世のすがた』（天保四年・一八三三）に「骨抜どぜうというもの四五年来はじまり、今は至る所其看板多く見ゆ」とあるように、一八三〇年代に、骨抜ドジョウの看板が目につくようになった。また天保から文久ごろに書かれた『さへづり草』にも「天保のはじめより、骨ぬきどじょうということ出来て、婦女の口腹にも入るに至れば、かの夏やせによしといふものと、席を同じうするの勢ひなりけり」と、ウナギを押す勢いに至ったことが書いてある。

『守貞謾稿』によると

「昔は丸煮と云ひて、全体のまゝ、臓腑をも去らず味噌汁にいれ、鰌汁と云ふ。三都専らこれを食す。京坂はこれまた生洲《いけす》等にて兼ね売る。江戸は葺屋町川岸堺屋某、竜閑橋△△、数寄屋橋御門外△△等で、鰌汁、鯨汁に名あり。また全体のまゝ、醤油煮付したるを丸煮と云ふ。けだし丸煮は、骨抜きありて後の名なるべし……。」

（略）

「骨抜き鰌鍋の始めは、文政始め比《ころ》（一八一八年頃）江戸南伝馬町三丁目裡店《うらだな》に住居せる万屋某と云ふ者、ドジョウを裂きて骨首および臓腑を去り、鍋煮して売る。その後、天保初めの比（一八三〇年頃）。横山同朋町にて、これも裡店住の四畳ばかりの所を客席として売り始め、屋号を柳川と云ふ。その後、横山町二丁目新道表店に移り大いに行はれ、今に存在す。また白銀町日本橋通二丁目の式部小路等諸所、同号の店を開き、その他同名にあらざる者も専らこれを売る。京坂にも伝へ売ることになりたり。万屋は先年亡びて今はなし。江戸これを売る店、専ら鯰鍋、穴子蒲焼。同鍋等を兼ね売る。二重土鍋なり。上の鍋浅くし、これに鰌を入れる。

図37　骨抜き鰌の看板
（『誹風たねふくべ』二編より）

蓋底には笹掻き牛蒡《ごぼう》を敷き、その上に菊花のごとく鰌をならべ、鶏卵閉じにするなり。下の土鍋には沸湯を入れ、席上冷えざるに備へ、かつ形深く、外見乏しからざるがごとくするの意あり」

とある。醤油・酒・砂糖などの調味料が普及した文政（一八一八～一八三〇）の初めに、これらを下地としてドジョウにゴボウと卵を組み合わせて柳川鍋が生まれた。この料理は、ゴボウと卵の組み合わせの相性がよく、骨抜きドジョウが用いられるようになった。江戸で流行したのみならず、京坂地方にも伝播し、漸次全国的に普及していった。

柳川鍋については、『和漢三才図会』に「背骨を剥去りて煮物となし食う、甚だ美なり」とあり、さらに「中を暖め、気を益し、酒をさまし、消渇を解き、痔を収む効能あり」とあることなどから、骨抜きされておいしく、食べやすい上に、薬効もあるため人気が出たものと思われる。

さゝがしの牛房のそばて皆ごろし　　明五礼3

これは、柳川鍋を作る句で、ささがしとは「笹掻きごぼう」のこと。牛蒡を細くささがきにして、水でさらし、あくを取り、それを鍋に入れドジョウと酒も入れて、ふたをして火にかけ、皆殺しにしているところである。ドジョウと牛蒡は相性が良いのでよく使われる。

付き合でさゝがき牛蒡ばかり喰い　　筥二・6

柳川鍋を出されたが、グロテスクなドジョウが苦手である。しかし、おつき合いで箸を出さないわけにはいかず、仕方なく牛蒡ばかりを食べている。

鮭 サケ

『本朝食鑑』には「凡《およ》そ鮭は東北の大河で採れる。『本朝式』（『延喜式』）に、丹波・丹後・若狭・越前・但馬・因幡より生鮭を貢献した記述がある。今では越後・越中・飛騨・陸奥・出羽・常州水戸、秋田に最も多く、総州の銚子・下野《しもつけ》の中川・上野《こうずけ》の利根でも産する。夏の末から秋の初めにかけてとれるものを初鮭《はつさけ》という。冬月に子を産むが、その子は鹹《しお》水に入り、長じてまた河源《かわかみ》に逆のぼってくる。そこで末流が江海《うみ》に通じていない河では、鮭はまったくいないのである」とある。

サケは北の海の魚で北海道や東北が主な漁場であった。サケの分布は利根川以北の太平洋岸と、日本海岸では信濃川辺や神通川を南限としていた。関東以北では、サケは正月にはなくてはならない魚であった。西に向かうほどサケからブリにその役割は替わってくる。北陸から関西にかけての寒ブリがそれである。

江戸時代には、寛政十二年（一八〇〇）十一代将軍家斉にサケが献上されて、以後「献上鮭」と呼ばれ毎年将軍家にサケが送られるようになった。サケを献上する習慣があったことや食味のことは、江戸中期、天野信景の随筆『塩尻《しおじり》』巻四十一であきらかである。また江戸末期の『菊総偶筆《きくそうぐうひつ》』には、産地によって味が異なることが述べられている。

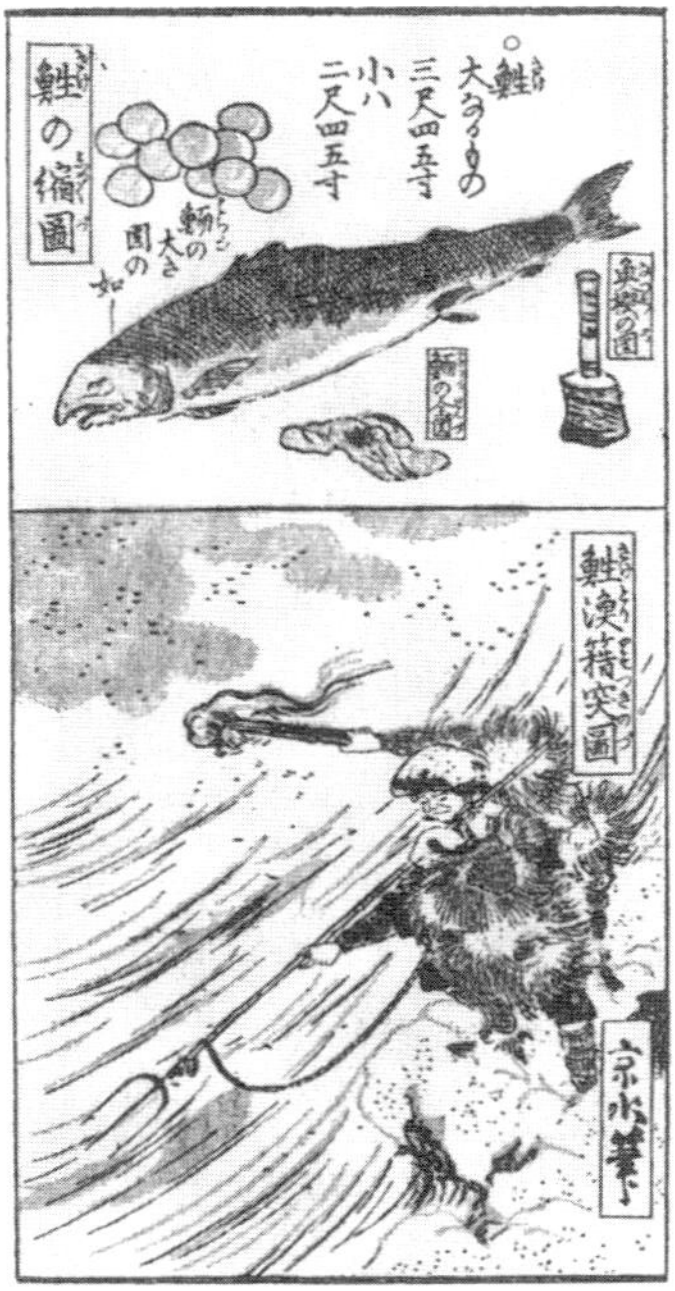

図 38　鮭の縮図と鮭漁図
（『北越雪譜』より）

図39　鮭漁打切の図と鮭洲を走るの図
（『北越雪譜』より）

初鮭に布子殺した沙汰はなし　　　**一二七・105**

布子とは木綿の綿入れのこと。初鰹とは違い、綿入れを質に入れてまで初鮭を食べたという話は聞いたことがないという意。カツオとはだいぶランクが違う。

●サケの加工品

サケは「塩引」や「から鮭」に加工して食していた。

当時の「塩引」とはサケの内臓を取り除いて塩漬けし、腹に塩を詰めてワラヅトにしてぶら下げておく。その後塩出しをしてから、固く包み直したものをいう。「から鮭」とは塩漬けにしたものを、さらに寒水に数日浸してから火で乾かした非常に硬いもので、越後（現在の新潟県村上市）の名物であった。

当時の「塩引」は相当塩辛かったものと思われる。「塩引」や「から鮭」の川柳には次のようなものがある。

襟から口へ鉢巻を鮭はする　　　**一五六・7**

これは塩引の様子の句である。荒縄をエラから入れて口に出し手結びされているのが、まるで鉢巻きをしているようである。

塩引も洗い張して春を待ち　一六三・10

塩引も正月から食べるので、食べやすいように塩出しをした。それを「洗い張り」と表現し、春（正月）を待っていると、サケの気になって詠んだ句。

塩引の切り残されて長閑《のどか》なり　初8

塩引の片身を少し切って、食べ残りの片身がぶら下がっている情景。それを「長閑なり」と表現したものである。近代洋画の開拓者・高橋由一の「鮭」（重要文化財）の画である。

鯰　ナマズ

ナマズは、ナマズ科の淡水魚であるが、食用としての知名度は低く、ナマズといえば地震を思い出す人のほうが多いかも知れない。

体長が一メートルにもなる魚である。頭は平たく口は大きく、四本のひげがある。体はなめらかで、うろこがない。肉は淡白で脂肪が少ない。そこで天ぷらに使われるが、蒲焼き、味噌汁、煮つけ、すっぽん仕立ての吸物など何にでも向いている。

ナマズの句は百種類以上あるが、直接料理に関するものは少なく、

図40　なまずの図（鯰 幕末の地口絵本より）
「なまづひんらく」とあるが、
「食わず貧楽」の地口である。

多くは地震とからめて詠まれている。

俎板も地震裂けてる大鯰　一一三・48

捕れたばかりのナマズを料理している状況であるが、俎板の上で暴れているナマズと地震を関連付けた句である。

『和漢三才図会』に「なまずを食ふには、先ず翅《はね》の下を割き、之に懸れば即ちよだれ自ら流れ尽きて、ねばりねばっかす也。（略）其肉、甘温」とある。

地震のかばやき雷の香の物　一二六・71

「地震」はナマズ。「雷《かみなり》」は白瓜の雷干し。地震と雷を揃えた趣向である。雷干しは、白瓜の種を除き箸を差し込んだまま瓜を回して一センチくらいの幅の螺旋状に切り、箸を抜き、それを塩に漬けてから渦巻きを延ばしたようにして、土用の天気の良い日に一日間干したものである。それを適当に切って味醂に浸して香の物として食べる。

ところで、享保十三年（一七二八）までは、関東にはナマズがいなかったといわれている。『さへづり草』（天保～文久三年・一八三〇～一八六三）に

「かくては申、午、両度の水厄は、天、武蔵野を潤すものなりとやいはん。さて、今より百七十年前は、

なまずは江戸になき魚なることを知るべし」

とある。ナマズが関東に生息していなかった記述は『寓意草《ぐういそう》』（文化六年・一八〇九）や『譚海《たんかい》』（安永～寛政・一七七二～一七八九）にもある。つまり大洪水のおかげで関東の河川、湖沼にナマズが他の地域から流入してきた。ナマズという食材を天の恵みによって与えられたことに感謝すべきであるという。これを立証する手だてはないが、数種の文献にあるということは、これが真実に近いのであろう。『和漢三才図会』にナマズの料理の仕方を書いているが、これは上方の本なので、東国のナマズについては触れていない。ナマズにまつわる謎である。

蜆　シジミ

『本朝食鑑』に、「江（入江）にも河にも多くいる（中略）漁家では常に多量に採り、食品とし、大きいものは市に出荷して販売する。江都《えど》の芝浜・品川・隅田・葛西・戸田・荒川に多く採れる。肉の味も佳い」とある。

シジミは、淡水産の二枚貝で、三種類ある。マシジミは、河川の上流や湖沼などに住み、「寒蜆」といわれるように寒中が旬である。ヤマトシジミは、河口近くや湖入りする湖水いわゆる汽水に住み、夏の頃が旬で、「土用蜆」といわれている。セタシジミは、琵琶湖水系に産するもので、『本朝食鑑』には、「味は最も厚く旨い。「嘉珍」と称賛され、春が旬である」とある。

『和漢三才図会』には「武州江戸近処に多くある者大にして味佳し」とあり、おいしいシジミが捕れたようである。特に現在の東京スカイツリー付近、江戸時代の向島中之郷業平橋のシジミは大粒で「業平蜆」と呼ばれ賞されていた。

シジミは廉価であったので、庶民には馴染み深い食材であった。

シジミには、うまみ成分である「コハク酸」が貝類のうちで最も多く含まれており、味噌汁の材料としてよく使われていた。あまりの美味にだしを使う必要はなかったほどである。

しゞみ汁いそがしそふにくいちらし　**明元亀3**

蜆汁を食べているところである。汁を呑むだけにするとよいのに、実を一つひとつ食べているので、周りの人からは、忙しそうに見えたのであろう。殻もあちこちに「くいちらし」ている……。

蜆汁ていねいに下戸喰仕舞　**二八・32**

これも同様の句である。酒を飲まない人は、酒を飲む人の相手をしながら、一つひとつていねいにシジミを食べて、もうシジミはなくなった。

納豆と蜆に朝寝おこされる　**八〇・19**

朝寝をしていると、毎朝売りに来る納豆売りと蜆売りの、売り声で目がさめた。もっと寝ていたいのに……と。

喰隠しならぬ蜆と柏餅

一一七・8

シジミは殻が、柏餅は柏の葉が食べた後に残るので、どれだけ食べたか隠しようがない。そのほかにも、皮の残るものもいくつかあるが、両者はその代表的なものである。「喰隠し」つまりぬすみ喰いはできないもの二つである。

婚礼を蜆ですます急養子

九一・34

元来はハマグリを使うところだが、間に合わないので安いシジミを使って急いで養子婚礼を行なったという句。葛飾北斎の句である。

二十日過ぎ蜆を買ってしかられる

二七・33

これは年末の多忙な時に、食べるのが面倒なシジミを買って叱られたのであろう。

また『和漢三才図会』には、シジミの「煮汁これを浴びてよく黄疸を治す」とある。昔から「土用蜆は腹薬」「蜆の味噌汁は肝臓にいい」「蜆は黄疸にきく」「蜆で暑さ負けを防ぐ」などと言われ、身体によいとされている。黄疸は血液中のビリルビンと呼ばれる物質が異常に増えて、皮膚や粘膜が黄色くなる症状である。そのため当時の川柳でも「黄色」と肝臓によいといわれたシジミを一緒に詠んでいる句も多い。シジミの利胆作用は、二日酔にもよいといわれ、現在でもお酒を飲み過ぎた次の日にシジミの味噌汁を飲む人はいるようだ。

また、シジミは食べたあとの貝殻を髭抜きとして使ったり、壁にぬりこめて補強材のように使ったりと、最後まで利用されていた。

右近の病気業平をよびかける　一四〇・9

シジミとはないが、シジミの句である。「右近」とは人の名ではなく薬用植物である鬱金《うこん》の色（カレーのような黄色い色）を指す。即ち「右近の病気」とは肝臓病で黄疸になり顔色が黄色になることをいう。シジミは『本朝食鑑』にも「黄症を消し」とあるように昔から肝臓病（黄疸）に効果があるといわれてきた。「業平」は「業平橋」のことであり、業平蜆の産地であった。京都の公家めかして、右近が病気だから業平は見舞に行きなさいという句のように見せかけておいて、その実は右近（顔の黄色い人すなわち黄疸）の病気だから、業平（蜆売り）を呼び寄せなさい、という意である。

流人島蜆っ貝でひげをぬき　一〇六・31

貝殻の使い方として面白く云い当てている句である。島流しになり、毛抜きがないのでシジミの貝殻で代用している。

第四章　主な料理と加工品

前章までは、江戸庶民の食を支えた魚介類について川柳を通して見てきた。次にそこから漏れていた天ぷらや鮨などの、江戸の人々の食生活に密接に関係するものを取り上げる。

図 41　天ぷら屋の屋台（『江戸久居計』より）

天麩羅　天ぷら

天ぷらは屋台で食べる料理で、もっとも人気があった料理の一つである。『守貞謾稿』に「魚貝類に饂飩粉（小麦粉）を水でゆっくり溶いて衣とし、そのあとで油で揚げたものをいい、菜蔬の油揚げはてんぷらとは云わず、揚げ物という也」とある。

天ぷらの語源はいくつかあるので、次にあげてみる。

その一　ポルトガル語のＴＥＭＰＯＲＡの発音をそのままとした説。

その二　天上の日の意味のスペイン語、イタリア語のテンポーラから来たもので、この日には獣・鳥・肉を食せずに、魚肉や卵を食べたことからきたテンポーラ説。

その三　「天麩羅」という名を考案したのが山東京伝であるという説。

三つ目の説は、京伝の弟京山が記した『蜘蛛の糸巻』（弘化三年・一八四六）にある。それによれば天明初年に大坂商人の利介が江戸に来て、魚の胡麻揚げに新しい名を乞うたところ、京伝は天竺の浪人の天、ふらりと江戸に来たのでふら、これを組み合わせて「天麩羅」と名をつけた。この記述の中で「てんは天竺の天、即ち揚ぐるなり。ぷらに麩羅の二字を用いたるは、小麦粉のうす物をかくるという義なり」とあるのは天ぷらの姿を正確に表していておもしろい。

このほか南蛮菓子職人の技術語であるとか、中国語説など実に多数ある。その中で京伝の名づけに「天麩羅」の名の「天竺浪人と小麦粉の麩とうすものの羅」という三文字をとった「カンバン」が、当時の人の人気の一つとなった。

天麩らの店に蓍《めどぎ》を建て、置き　一二八・12

「蓍」とは占い師の筮竹《ぜいちく》のことで、ここでは竹串のことである。江戸の天ぷらは串にさしてから衣をつけて揚げていたので、その竹串が筒に差してあるところから、筮竹のさまと似ているということを表している。

天麩羅のゆびを擬宝珠《ぎぼし》へひんなすり　九七・29

擬宝珠は橋の欄干の柱の上にある飾りもののことで、形を表している。これに手についた油をつけている句で、さぞ擬宝珠はつるつるしていたことであろう。擬宝珠がある橋は数少なく、日本橋と京橋だけといわれている。

魚地獄天ぷら鍋か煮へかへり　梅一三・26

天ぷらを揚げる揚油の温度は一七〇度前後と高い。材料を入れるとそれが動き、まるで地獄の煮えくり返った油に魚が放り込まれたようだという意。

魚類に小麦粉の衣をつけ、油で揚げたものが「てんぷら」であり、江戸の庶民の簡便な食べものとして、屋台などの辻売りとして広まった。天ぷらの店が出現するのは江戸時代の終わり頃である。

鮨・鮓　すし

●江戸っ子と早や鮨

気の早い江戸の住人は、なれ鮨などの生成鮨の一週間を長く感じ、一時も早く口に入れることはできないかと考えた。そこで酢飯を用いて漬け込むことをはぶいた。それが「握り鮨」で、これを「早鮨」「江戸前鮨」と呼んだ。握り鮨の特長は、飯に酢を混ぜた鮨飯に生魚をのせて握ったものである。

妖術といふ身で握る鮓の飯　一〇八・13

握り鮨は、酢飯を手の中で握り、ワサビとタネを乗せてでき上がる。その酢飯を握る手つきに派手なパフォーマンスをする人がいる。それが陰陽師や修験者の切る九字のように見えるのだが、まるで妖術としか思えない。うまい鮨を作るために、あんな真似をしなければできないのなら、素人の手に負えるものではない。

握られて出来て喰い付く鮓の飯　一一三・24

なれ鮨（塩漬けした魚の腹に飯を詰めて発酵させた鮨。食べられるまでに時間を要する）と異なり、握り鮨は出来立てをすぐ食べる。職人が目の前で握ったものを、すぐに食べるのがおいしいとされている。その食べる様が魚が餌に食いつくのと同じように見えておかしい。

これらの句は、握り鮨の形を表したものである。それは文化・文政（一八〇四～三〇）の頃の話である。江戸前鮨といったのは、品川・芝浦あたりの江戸湾で捕れたサヨリ・アナゴ・コハダ・アジ・イカ・アオヤギなどを、その場でサッと握って出したものである。

鮨屋が屋台で座って握り、客はその前に立って食べたのが屋台鮨の始まりで、今とは職人と客とが反対だったとか。『守貞謾稿』に「文化末ごろ戎橋南に松の鮨となづけ、江戸風の握り鮨を売る。（中略）是大坂にて江戸鮨の始めなり」とある。また『嬉遊笑覧』（文政十三年・一八三〇）には、「文化のはじめの頃深川六間通りに、松がずしでき行はれて、世上の鮓の風一変しぬ……」とあり、「松の鮨」あるいは「松がずし」を握り鮨の元祖としている。

松ケ鮓万民是を賞翫す　八二・12

「松ケ鮓」は本所御船蔵前にあった鮨屋で、多くの人々がおいしいと評判の店である。「万民是を賞玩す」は謡曲『高砂』の文句取り。

また笠亭仙果の天保五年（一八三四）頃の著作と思われる随筆『よしなし言《ごと》』第六篇によれば次のようになる。

「江戸安宅の松が鮓の精製は……十匁くらいも買えば、詰めて後、火打ちかけて出す。清火にて清むるこち也。また、蓼生姜など別に小折に入れ、それを水引にてゆはえ、熨斗《のし》つけ札はりて重などにのせ遣はす事也。また、この家の海苔ずしは飯と魚と海苔の渦巻に作る也。外のは海苔を衣《ころも》に巻くのみ也。この松五郎は鮓を売り出しし始、所々の控所へ行き、わが手製の鮓也とて遣はし、もし麁《そ》品故歯にあたる事もやある、心つけ給へといひしとぞ。鮓の中に壱朱銀などを入れおきし也。これよりその闊達をののしりあひて一時に名を高うしたり。すべて功名を尊む人少しは山心《やまごころ》なくては一生涯名はいでがたし。一騏尾にでも何にでもつき、さて自らの職を精出すべし。一旦山にて高名になるとも後なくてはさめやすし。この所が肝要也」

図42　すし屋（『絵本江戸爵』より）

と、後半はあまりほめた話ではないが、前半などまぼろしの鮨を知る一端にはなろう。

「算盤づくならよしなまし松ケ鮓」

と、天保改革には両国の与兵衛と並んで、幕府から大目玉をちょうだいしたほど高価な鮨だったらしいが、大いに繁盛もした。

人の波打よる度にうごけるは
安宅の松につなぐすしぶね
『江戸名物百題狂歌集』〈吉野〉

先に述べたが、江戸で握り鮨が現れて、鮨が一変したといわれているが、それまでは鮨といえば大坂・京都の押し鮨やさば鮨であった。時代を遡れば、近江の鮒鮨（なれ鮨）。これは魚と飯でつけ込むが、魚のみを食するもので飯は食べない。このようななれ鮨は一年も半年もかかるので、もっと早くということで大坂の押し鮨のように、一夜鮨と呼ばれる酢を使った鮨が作られるようになった。さらに江戸で握り鮨が考案されると、すぐに食べられるということで、大変な人気になった。

材料も最初はタイやヒラメなどが使われていたが、天保改革で奢侈禁止令が出たため、安いコハダやアジなどを使うようになって、ますます庶民の間ではやったといわれている。握りの生魚の生ぐさみを消すために、ワサビが使われるようになったのも、この頃からである。それまでは辛子が使われていた。

ワサビは日本独自のもので、ワサビの音がそのまま学名になっている。Wasabia Japonica matsum という学名である。これこそ純国産のスパイスである。ワサビは水の澄んだ渓流にしか育たないため、大変貴重品であった。ワサビの人工栽培に成功したのは、江戸時代の慶長年間（一五九六〜一六一五）で、駿府の国であったといわれている。

●巻き鮨

海苔巻きは江戸末期にできたもので、浅草海苔の上に、酢飯を置き、芯にカンピョウや細かい海苔を用い、巻き上げたものである。細く巻いたものと、芯にいろいろ入れて、太く巻いた太巻きとがあった。また厚焼き卵を作り、その上に酢飯をのせて巻いたものや、ゆばで巻いた「湯葉巻き」などがあり、いずれも適当な大きさに切った〈表11〉。

海苔鮓の小口椎茸割唐子　一一六・34

太巻き鮨である。食べやすい寸法に切ると、椎茸の切り口は巻き込んだ物が女の髷の一種「割鹿子」に似て、きれいである。

海苔鮓の的小楊子の矢を射懸け　一六〇・27

海苔巻き鮨を小口切りにして、食べやすいように楊枝を刺す。それがちょうど矢が的に当たったように見える。ただし、海苔巻きの真中は柔らかい具材なので、楊枝を直接刺すとはできない。刺すとしたら海苔の部分であろう。矢を射て遊ぶ場所として、江戸時代には盛り場などに「矢場」があった。矢が的に当たると賞品が貰えた。当時の人は「的」「矢」の言葉で矢場とかけているのはすぐに分かったのであろう。

にぎり鮨	アナゴ  甘煮にして用いる 飯よりも長くする	コハダ  酢洗いしたものを用いる わさび	
	さしみ(刺身)  マグロのづけ、サヨリ、イカ、わさび『守貞謾稿』には「刺身及ビコハダ等ニハ、飯ノ上、肉ノ下ニ山葵ヲ入ル」とある	シラウオ  中央を海苔や干瓢で巻く	玉子  薄焼きにした玉子
巻き鮨	海苔巻き(細巻き)  干瓢を芯にして巻く	海苔巻き(太巻き)  芯に色どりを見ていろいろ入れる	玉子巻き  厚焼き玉子 『守貞謾稿』に「飯ニ、海苔ヲ交へ、干瓢ヲ入ル」とあるように、飯に海苔を混ぜ込んだ

表11　江戸前「握り鮨」「巻き鮨」(『守貞謾稿図版集成』をもとに作成)

熊笹に月の輪巻きの玉子すし

一一八・6

熊笹はすしを盛る時に用いた。この笹は防腐剤の働きがあるので、生の魚をにぎった時にもよく用いている。切り方の工夫もなされていた。『守貞謾稿』に「熊笹を用い又鮓折詰などには鮓の上に熊笹を切って用いた」とある〈図43〉。「熊」と「月の輪」が縁語になっている。

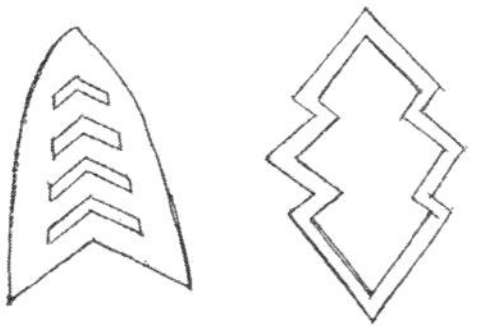

図43　笹の切り方

●鮨売り

鮓の飯小はだの夜着に笹ぶとん

一一八・20

あじのすうこはだのすうとにぎやかさ

八・34

「あじのすう、こはだのすう」とは吉原廓内での売り声。この二句は、アジやコハダの握り鮨を行商で売り歩くものを詠んでいる。おそらくは、一折り単位で売っていたのであろう。握り鮨の飯が折につくのを防ぐために笹の葉を敷いていたものと思われる。それを「夜着」（掻巻）と敷布団に見立てた「笹ぶとん」といっている。

鮨を入れた丸い桶を肩に担いで、鮨の呼び売りもあった〈図44〉。これは人気があった。手柄岡持（享保二十～文化十年・一七三五～一八一三）の『後《のち》は昔物語』に、「鮓売りというは、丸き桶の薄きに、古き傘《からかさ》の紙を蓋にして、い

図44　すし売り

図 45　かまぼこ屋（『近世職人尽絵詞』）

くつも重ねて、鮗《こはだ》の鮓、鯛の鮓とて売りありきしは、数日漬けたる古鮓也」とあり、時代的にはさかのぼるが、其角（寛文一～宝永四年・一六六一～一七〇七）の句に次のようなものがある。

五月十日雷雨、永代島の茶店にやどりして

　明石より神鳴晴て鮎の蓋『五元集』

この、江戸初期のすし売りを暗示する文字として貴重な句と思い合わすとき、おのずから当時のすし売りの状態が髣髴とする。

蒲鉾　かまぼこ

『本朝食鑑』によると、「魚肉を泥状《どろどろ》に摺爛《すりつぶ》し、小板に粘着させて蒲槌《かまつち》の形にしたり、鉾の状を象《かたど》ったりするところから、蒲鉾というのである。あるいは細かい泥状に摺って、これを熱湯中に摘み入れると、餅状に凝結《かたま》る。これは久津志《くつし》という。ある人の話では、「京師内膳の官属の老庖人の話によれば、生肉を摺りつぶ爛し、竹の枝の端に粘着させ、蒲槌の形を模し、鉾の形のようにするところから蒲鉾というのだという。今の片板に粘着させるものは、茶会家の造ったものであろうか」という。この説は真《まこと》に好い」とある。

蒲鉾は、新鮮な生の魚肉のみを刮《けず》り取り、細かく摺り、塩・酒等で調味し、鶏卵等を加え、うらごしし、それを板にのせ、形を整えて蒸したものを、蒲鉾又は蒸し蒲鉾という。

すりばちへ悪魚を入れるかまほこ屋　一五・3

カマボコは、サメ・キス・ボラ・ハゼ・イカなど、鮮魚では売れない下魚を擂りつぶして原料とした。

蒲鉾で飯を喰てる筏乗り　別中・16

筏乗りは、場所が不安定なので食べやすいものが求められる。そこでカマボコは食べやすい食材の一つとしてご飯のおかずにした。

蒲鉾屋二ツ巴に擂ツて居る　新四・18

現在は機械で擂るが、当時は擂り鉢で擂っていた。擂り鉢での擂り粉木の動きを詠んだものだろう。

半片　はんぺん

『本朝食鑑』や『和漢三才図会』に記述がない食べ物である。文献上は室町末期ごろ、「はんへん」（半弁）なる語が現れ、江戸前期に「はんへん」、中期以後には「はんへい」の語が出現する。『譚海』に「鯛をはんぺんにするには鯛一枚に卵五ツ、長いも一本。もちの三文どりほどを二ツまぜてつくるべし。はんぺんやわらかに出来る也」とある。また京坂では、ハンペンを揚げたもの、つまり、今の薩摩揚げと同じものを「てんぷら」と呼んでいる。文政十三年（一八三〇）の『嬉遊笑覧』には「はもの肉を使うことから鱧餅《はもへい》といい、それの訛ったもの」とある。

『守貞謾稿』には

「現在のハンペンは、サメなどを用いるものが多くなり、昔ながらの上質のものをつくる店はなくなった。そのまま、あるいは焼いてワサビじょうゆで食べ、また、吸い物の具やおでんの種などにする」

とか

「わん（椀）のふたで、半月形にしたものでこの名があり、半平《はんぺい》ともいい、それが転じた語であり、江戸前期には、半弁《はんべん》、中期以後には、はんへいなる語もあった。初めは、かまぼこ同様の魚を用いていたが、江戸末期には、白身魚であればよく、米粉などの混ぜ物が多くなり、形も四角が多くなった」

とある。

しんじょ地といって、白身魚の生肉をそぎ落し、叩いて粘りのでるほどにすったものに、大和芋を加えて柔らかくし、火の通りやすい薄い枠（四角、花形など）にとり、熱湯に入れて茹でたものである。食べ方は、そのまま焼いたり、揚げ物、おでん種、吸い物の具などに用いた。

夏は冷たくして、しょうが醤油で食べる冷やしハンペンもよい。

半平と名をかへさかなうつて来る　二〇・6

半平とは『仮名手本忠臣蔵』の登場人物で、お軽の夫で誤って舅を殺したと思い自害した早野勘平（実説の萱野三平）を擬したのか。当時、すでにハンペンの方が一般的になっていたので、はんぺんを売るのに、「半平《はんぺい》」と言って売れば、そのほうが新しい商売のように聞えたのであろう。

平皿にはんぺいというあぶれもの　拾一〇・33

はんぺんは、煮ると大きくなるので、煮る前にこれでよいだろうと思って用意した皿では、収まらず、あふれ出てしまった。平皿とは、浅くて平たい皿や、本膳料理に用いた浅くて平たい椀のこと。

一朱金半へんとかくかまぼこ屋　九〇・6

ハンペンをしゃれて言っているもので、一朱の1／2の値を「一朱金半へん」と書いて貼り、その下でハンペンを置いて売っているところ。

竹輪　ちくわ

魚のすり身を竹串に塗りつけて、焼き上げたもので、蒸したものもある。かまぼこの原形をとどめるもの

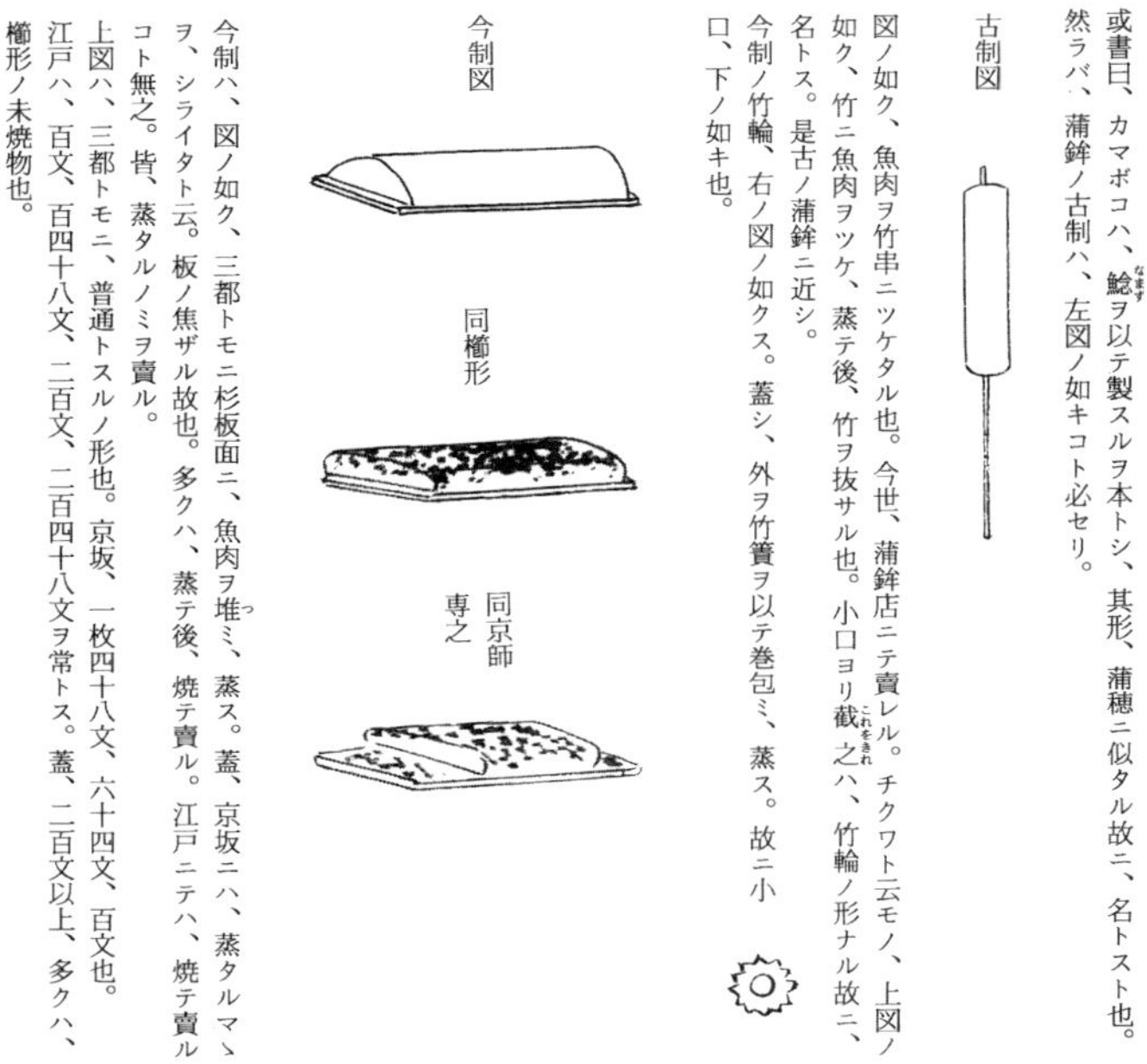

或書曰、カマボコハ、鱠《なます》ヲ以テ製スルヲ本トシ、其形、蒲穂ニ似タル故ニ、名トスト也。然ラバ、蒲鉾ノ古制ハ、左図ノ如キコト必セリ。

古制図

図ノ如ク、魚肉ヲ竹串ニツケタル也。今世、蒲鉾店ニテ賣レル。チクワト云モノ、上図ノ如ク、竹ニ魚肉ヲツケ、蒸テ後、竹ヲ抜サル也。小口ヨリ截《これをきれ》之ハ、竹輪ノ形ナル故ニ、名トス。是古ノ蒲鉾ニ近シ。

今制ノ竹輪、右ノ図ノ如クス。蓋シ、外ヲ竹簀ヲ以テ巻包ミ、蒸ス。故ニ小口、下ノ如キ也。

今制図

同櫛形

同京師専之

今制ハ、図ノ如ク、三都トモニ杉板面ニ、魚肉ヲ堆《っ》ミ、蒸ス。蓋、京坂ニハ、蒸タルマヽヲ、シライタト云。板ノ焦ザル故也。多クハ、蒸テ後、焼テ賣ル。江戸ニテハ、焼テ賣ルコト無之。皆、蒸タルノミヲ賣ル。

上図ハ、三都トモニ、普通トスルノ形也。京坂、一枚四十八文、六十四文、百文也。江戸ハ、百文、百四十八文、二百文、二百四十八文ヲ常トス。蓋、二百文以上、多クハ、櫛形ノ未焼物也。

図46　蒲鉾と竹輪について（『守貞謾稿図版集成』より）

なので、「ちくわかまぼこ」と呼ばれ、板に塗りつけるかまぼこが多くなるに及んで、単にちくわと略称されるようになった。

ちくわの名は串をぬいて小口から切ると、その断面が、竹を輪切りにした形に見えるので、この名称がついた。この名称は、延宝二年（一六七四）の『江戸料理法』に見られる。『守貞謾稿』には「今制ノ竹輪、左の図の如し」（前頁）とある。

ちくわの調理法

単独で、砂糖や醤油で煮る。また野菜と共に煮ると、野菜にうま味がつく。形がユニークなので、天盛にも使った。

おわりに

長年、食物に関わって、学校の紀要や学会の場で何回か発表してきましたが、それらを一冊の本にまとめたらどうかという、ありがたいお話を頂き、四～五年かかってやっとまとめ上げました。

ここ一～二年は体調不良で、入退院を繰り返してきましたが、その合間をぬって、色々な方々の多大なご協力のおかげでどうにか、読んで頂けるような内容になりました。

江戸時代の魚と川柳を交えて書きましたが、まだまだ勉強不足のところも多々あり、書き足りないところもありますが、今回は、ここまでとし、また、勉強を重ねて、いずれ続きが出せればと思っております。

これまで、ご迷惑をおかけした方々には、改めて御礼とお詫びを申し上げ、今後とも、ご指導頂ければ幸甚でございます。ほんとうにありがとうございました。

蟻川　トモ子

平成二十五年四月

【著者紹介】
蟻川トモ子（ありかわ　ともこ）
1931年　群馬県に生まれる。
1953年　戸板女子短期大学生活科卒業。以後、同校・同科に1999年まで勤務し栄養士の養成につくす。この間、評議員、図書副委員長等を歴任。
1988年　社団法人東京都栄養士会会長表彰。
1993年　社団法人全国栄養士会養成施設協会会長表彰。
1999年から2005年まで、目白大学にて教鞭をとる。

〈所属学会〉　日本家政学会、日本栄養・食品学会、日本栄養改善学会、日本生活文化史学会、ビューティーサイエンス学会

〈主な論文（食文化史関連のみ）〉
「先人の知恵に学ぶ食材と調理のことわざ」（『家庭科教育』1998年）
「江戸時代の東西の食材について―魚を中心に」（『生活文化史』34号、1998年）
「調理技術を伝えることわざと川柳」（『生活文化史』35号、1999年）
「『江戸名物酒飯手引草』に見る江戸の食文化圏を『江戸買物独案内』と比較して」（『生活文化史』50号、2006年）
「『錦嚢智術全書』に見る食材と利用法」（『生活文化史』59号、2011年）
ほか多数

平成29年1月25日 初版発行　《検印省略》

雄山閣《ゆうざんかく》アーカイブス 食文化篇《しょくぶんかへん》
江戸《えど》の魚食文化《ぎょしょくぶんか》
―川柳を通して―

著　者　蟻川トモ子
発行者　宮田哲男
発行所　株式会社 雄山閣
〒102-0071　東京都千代田区富士見２−６−９
電話 03-3262-3231㈹　FAX 03-3262-6938
http://www.yuzankaku.co.jp
E-mail　info@yuzankaku.co.jp
振替：00130-5-1685

印刷製本　株式会社ティーケー出版印刷

Printed in Japan 2017　ISBN978-4-639-02463-7　C0321
N.D.C.200　191p　19cm